天皇陛下御即位二十年・御成婚五十年
記　念　写　真　集

監修・宮内庁

天皇陛下御即位二十年・御成婚五十年をお祝いして

心をともに

宮内庁長官　羽毛田信吾

両陛下のやさしいお言葉に涙する高齢の日系カナダ人。感動の輪は、細波《さざ》のように広がっていく。先般のカナダおよび米国ハワイ州ご訪問の折に彼《か》の地の高齢者施設で、私どもが目の当たりにした光景のひとこまである。御即位後の二十年、さらにそれに先立つ御成婚以来の三十年、半世紀に及ぶ歳月の流れの中で、両陛下の温かいお心づかいと迎える人々の感激が織り成すドラマは、変わることなく続いてきた。

この五十年、わが国は、平和と繁栄を願って、多くの試練を乗り越えてきた。その間、わが国の人々も、また、世界の人々も、自らの価値観を揺さぶられるような厳しい時代の変化にさらされ、時として、行くべき道に迷う思いをも経験してきた。

そうした中にあって、天皇陛下は、日本国と日本国民統合の象徴としての天皇の望ましいあり方を誠実に追い求めてこられた。そして、時代はどう移ろうとも「国と国民に尽くす」ことこそが自らの務めであるとのお考えに立たれ、そのお考えに衷心より寄り添われる皇后陛下とともに、誠心誠意その実践に努めてこられたのである。

病に苦しむ人々、高齢者や障害者などさまざまな生活上の困難を抱える人々、突然の災害に悲嘆にくれる人々、海外にあって茨《いばら》の道を踏み越えてきた人々、そうした人々と真正面から向き合われ、ともに憂い、悩み、そして勇気づけてこられた。

また、戦争の犠牲となった人々とその家族の上を思われ、心をこめた慰霊とお励ましをお続けになるとともに、平和への祈りを重ねられて今日に至っている。

お取り組みは、学術、芸術文化、スポーツ、さらには、農業をはじめ産業活動に携わる人々にも及んでいる。障害者スポーツや青年海外協力隊のように、両陛下が激励され、労《いたわ》られ、行く末まで見守られることによって、育ち、発展した分野も数多い。

人々の幸せを願われるご姿勢は、国内にとどまらない。両陛下は、外国からの賓客や各国大使の応接においても、あるいは、外国ご訪問の場においても、相手の国の人々を思いやり、真心を持って接せられる。そのことで、世界各国との友好親善関係が利害を超えた心と心の絆《きずな》というレベルに高まっていくのを我々は多くの場面で実感してきた。

御即位二十年、御成婚五十年を記念するこの写真集は、人々と「心をともに」することを自らに課してこられた両陛下のひたすらなお歩みの跡をたどるものである。同時に、それは、お互いに助け合い、「心をともに」されてきた両陛下お二人の間の心の交流の記録でもある。

天皇陛下の「国民とともに」とのお言葉、そして、皇后陛下の「皇室は祈りでありたい」あるいは「心を寄せ続ける」とのお言葉について、嫁がれた黒田清子さまは、かつて、「多くのことがまったく新しい未知の状態の中で試行錯誤なさりながら、一つ一つ重ねられてきたこれまでの歩みの中から生まれてきたものといえるでしょう」とお述べになられた。皆さまには、この「一つ一つ重ねられてきた」両陛下のお歩みの重さ、深さを所載の写真の一枚一枚から感じ取っていただければと思う。

両陛下が末永くご健勝でご長寿であられるよう、また、将来にわたって、皇室が人々の確かな心の支えであり続けるよう念願してやまない。

（二〇〇九年＝平成二十一年八月記）

天皇陛下御即位二十年・御成婚五十年記念写真集

※本書の記述は原則として二〇〇九年八月三十一日現在のものです。

皇后さまのご正装

天皇陛下のご正装

ご一家おそろいで、即位から20年の節目となる年を迎えられる（2009年＝平成21年1月）

御即位の礼

五衣（いつつぎぬ）・唐衣（からぎぬ）・裳（も）の装束で即位の礼に臨まれる皇后さま（1990年＝平成2年11月）

黄櫨染袍（こうろぜんのほう）の束帯で即位の礼に臨まれる天皇陛下

御即位十年記念式典

東京・国立劇場で開かれた即位10年を祝う政府主催の式典で、小渕恵三首相らから万歳三唱を受けられる（1999年＝平成11年11月）

即位10年の記念式典後、子どもたちから花束を受けられる

皇居の二重橋で即位 10年の祝賀行事をご覧になる

即位 10年の祝賀行事に集まった人たちにちょうちんを振ってお応えに

御成婚五十年

ご結婚50年の記者会見で、天皇陛下は皇后さまへの感謝の気持ちを述べられ、皇后さまは「夢のよう」(2009年＝平成21年4月)

ご結婚50年を祝う行事で、皇太子ご夫妻からお祝いのあいさつを受けられる

ご結婚50年を祝い記帳に訪れた人に向け行われていた皇宮警察本部音楽隊の演奏を「飛び入り」で鑑賞される

両陛下の発案で、全国から結婚50年を迎える夫婦約100組を皇居・宮殿に招き歓談された

第一章　国民と共に歩む

国内各地のご訪問

大分県で開かれた国体の開会式、笑顔で手を振られる（2008年＝平成20年9月）

　天皇陛下は二〇〇三（平成十五）年十一月、「奄美群島日本復帰五十周年」の記念式典出席のため、皇后さまと共に鹿児島県を訪れ、即位してから四十七都道府県すべての訪問を果たされた。

　即位後、毎年恒例の「全国植樹祭」「全国豊かな海づくり大会」「国民体育大会」に加え、地方事情視察などの目的で国内各地への訪問を重ねられてきた。その先々で出迎える大勢の人々。天皇、皇后両陛下も手を振って応え、時には人垣に近づいて一人一人に声を掛けられることも。国民との触れ合いを大切にされている両陛下の気持ちが人々に伝わり、笑顔の輪が広がる。

　中でも両陛下が心を寄せられているのが、障害者や子ども、お年寄りといった社会的に弱い立場にある人たち。地方を訪れる際には、必ず障害者施設や高齢者施設の視察が日程に組み込まれ、入所者を励まし、職員らの労をねぎらわれる。

　お二人の底流にあるのは「国民と共に歩む皇室でありたい」との思い。憲法が規定する「象徴天皇」の在り方を模索されてきた二十年。その旅はこれからも続く。

全国植樹祭出席のため秋田県の大館能代空港に到着、皇后さまを気遣われる（2008年＝平成20年6月）

山形県で開かれた全国植樹祭で、皇后さまはオオヤマザクラなどの苗を植えられた（2002年＝平成14年6月）

全国豊かな海づくり大会出席のため訪れた京都府で、水産行政の説明を受けられる（2000年＝平成12年10月）

京都市の織物工場を見学し、正倉院宝物の復元作業に使われた手織り機の作業をご覧になる（2008年＝平成20年11月）

札幌市で開催された国際顕微鏡学会議で、学術研究の説明を受けられる（2006年＝平成18年9月）

福井県で開かれた全国植樹祭に出席し、くわを手にされる（2009年＝平成21年6月）

佐賀県で開かれた全国豊かな海づくり大会で、魚を放流される（2006年＝平成18年10月）

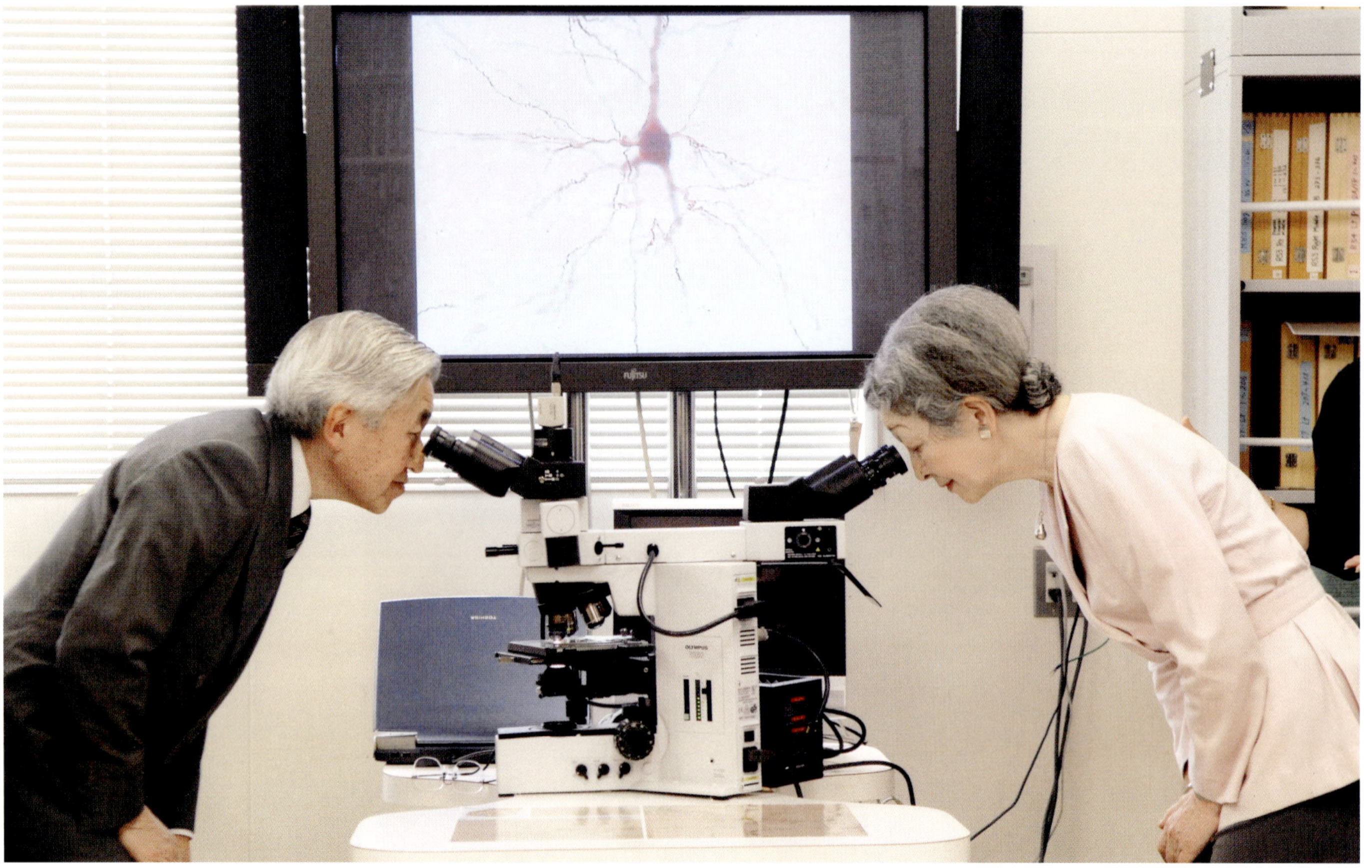

埼玉県和光市の理化学研究所を訪問、顕微鏡で脳内神経細胞を観察される（2006年＝平成18年10月）

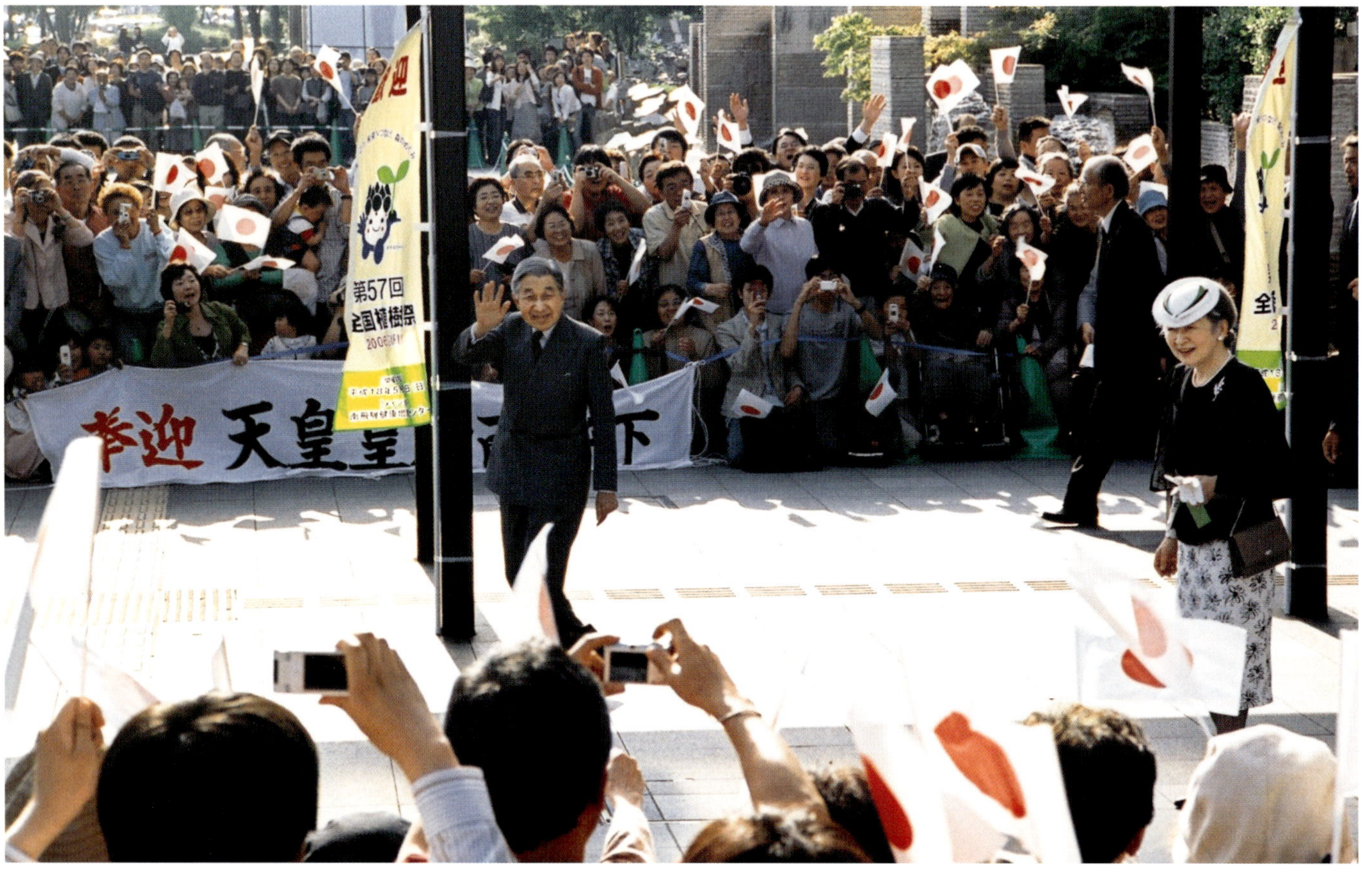

岐阜県での全国植樹祭からの帰路、JR岐阜駅に到着、出迎えの人たちの歓迎を受けられる（2006年＝平成18年5月）

栃木県下野市の自治医科大を訪問、医学生と懇談される（2007年＝平成19年12月）

秋田国体でバスケットを観戦される（2007年＝平成19年9月）

鹿児島県名瀬市での奄美群島日本復帰50周年記念式典に出席される（2003年＝平成15年11月）

佐賀県唐津市の中里太郎右衛門陶房を訪問、唐津焼の作業をご覧になる（2006年＝平成18年10月）

横浜市で地球深部探査船「ちきゅう」を視察される（2005年＝平成17年9月）

岐阜県飛騨市の宇宙素粒子研究施設「スーパーカミオカンデ」を見学、小柴昌俊東大名誉教授らの説明を受けられる（2004年＝平成16年7月、左頁）

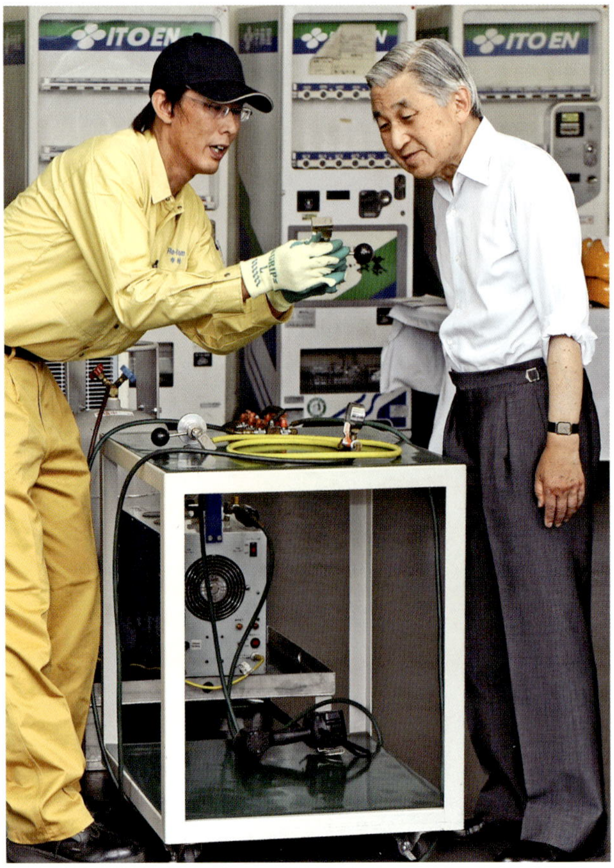

東京都大田区のリサイクル工場を視察される（2008年＝平成20年7月）

埼玉県久喜市の金型工場で作業をご覧になる（2009年＝平成21年5月）

福岡県の玄界島を訪問、島民の歓迎に応えられる（2007年＝平成19年10月）

国体開会式出席などのため高知県を訪れ、歓迎の人たちに手を振ってお応えになる（2002年＝平成14年10月）

優しいまなざし

新潟市の有明児童センターを訪問され、工作室で子どもたちと（2008年＝平成20年9月）

静岡県富士市で開かれた囲碁ゲームの会場で、子どもたちに声を掛けられる（2001年＝平成13年10月）

こどもの日を前に訪れた東京都荒川区のドン・ボスコ保育園で、園児たちの歓迎を受けられる（1999年＝平成11年4月）

横浜市のゆうゆうのもり幼保園を訪問、かがみこむようにして園児に話し掛けられる（2008年＝平成20年5月）

訪問された東京都新宿区の二葉保育園の乳児院で、楽しげな子どもたちに笑顔（2006年＝平成18年5月）

鹿児島県蒲生町の特別養護老人ホームを訪問、入所者のレクリエーションをご覧に（2003年＝平成15年11月）

宮城県名取市の視覚障害者の老人ホームでお年寄りを励まされる（2001年＝平成13年10月）

東京都東村山市の介護老人保健施設で生け花をご覧になる（2006年＝平成18年9月）

東京都三鷹市の山本有三記念館で、シルバー人材センター会員のガーデニング作業を視察される（2008年＝平成20年9月）

神奈川県葉山町の葉山御用邸近くの海岸で（2005年＝平成17年2月、左頁）

人々と心をともにする

身体障害者スポーツへの関心が深い両陛下。東京体育館で車いすバスケットをご覧に（2001年＝平成13年5月）

北京パラリンピックの入賞選手らを招いた茶会で、選手の健闘をたたえられる（2008年＝平成20年10月）

離島医療の実情の視察に訪れた長崎県福江市（現五島市）の病院で、リハビリ中の患者を励まされる（2002年＝平成14年11月）

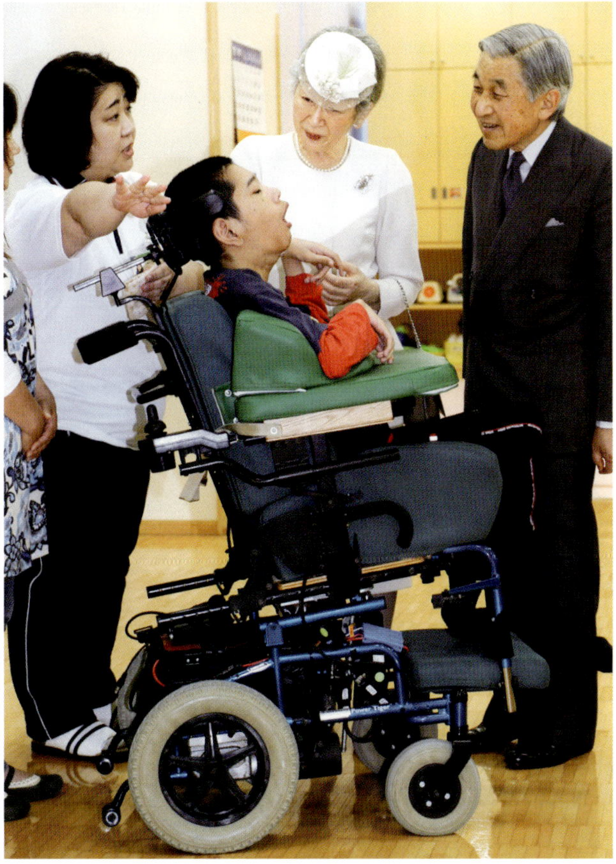

福井市の障害のある子どもの支援施設で（2009年＝平成21年6月）

秋田県大館市の知的障害者施設で（2008年＝平成20年6月）

東京都北区の障害者総合スポーツセンターで（2008年＝平成20年12月）

熊本県城南町の身体障害者療護施設で（1999年＝平成11年10月）

沖縄県平良市（現宮古島市）の国立療養所宮古南静園を訪問、入所者をいたわられる（2004年＝平成16年1月）

温かなまなざし、弱い立場の人々に

千葉県浦安市の障害者雇用のために設立された会社で（2007年＝平成19年12月）

「お体は大丈夫ですか」「風邪には気を付けてね」。天皇陛下が腰をかがめ、皇后さまが手を握りながら車いすのお年寄りたち一人一人に声を掛けて回られる—。高齢者施設などを訪問された両陛下の変わらぬお姿だ。

「障害者や高齢者、災害を受けた人々、社会や人々のために尽くしている人々に心を寄せていくことは、私どもの大切な務め」（即位十年の記者会見）。陛下が自らの役割をこう述べられたように、両陛下は国民との触れ合いを重ねる中で、特に障害者やお年寄りといった社会的な弱者に温かなまなざしを注がれている。「こどもの日」「敬老の日」「障害者週間」の前後に関連施設を訪ねられるのも、即位後の恒例となっている。

障害者スポーツには皇太子時代の一九六四（昭和三十九）年、東京五輪に続いて開催されたパラリンピックの名誉総裁を務めてから心を寄せ続け、「全国身体障害者スポーツ大会」（現全国障害者スポーツ大会）は、六五年の第一回大会から九〇（平成二）年に皇太子ご夫妻に譲られるまで毎年出席。パラリンピックの入賞選手らを皇居・宮殿に招いての懇談会も重ねられている。

「今日、障害者のスポーツに多くの人々が関心を寄せ、盛んになってきていることに深い感慨を覚えます」。二〇〇八年九月、大分県での国民体育大会開会式。陛下は四十二年前、まだ始まったばかりだった身障者スポーツ大会が同県で開かれた当時の苦労を振り返りながら、長年の思いをあいさつに盛り込まれた。

家族からも故郷からも切り離された暮らしを強いられてきたハンセン病の元患者たちに寄せられるお気持ちも厚い。即位前から各地の国立療養所の訪問を重ね、元患者らを励まされてきた。皇后さまが地方滞在先のホテルや皇居・御所に療養所関係者を招いて、高齢化が進む元患者の健康状態などについて説明を受けられることもあった。〇四年一月に立ち寄られた沖縄・宮古島の国立ハンセン病療養所「宮古南静園」では、元患者のひざに手を置いたりしながら「お大事にしてください」などと声を掛けられる両陛下に、「生きてきたかいがあった」と涙を流す女性の姿もみられた。

近年はシルバー人材センターや障害者が働く職場を視察されるなど訪問先に変化もみられる。「積極的に活動している高齢者や障害者を励ましたい」との陛下の意向を反映した結果といい、時代に合わせた取り組みにも、両陛下はきめ細かく目配りされている。

両陛下が届けようとされているメッセージ。九六年から十年余にわたってお二人をそばで見詰めてきた渡辺允前侍従長は、こう解説する。「つらい思いをしながら一生懸命生きている人々に『あなたは一人ではないですよ。私たちは心に掛けていますよ』という思いを伝えようとされてきたのでしょう」

東京都文京区で開かれた日本太鼓全国障害者大会で（2008年＝平成20年10月）

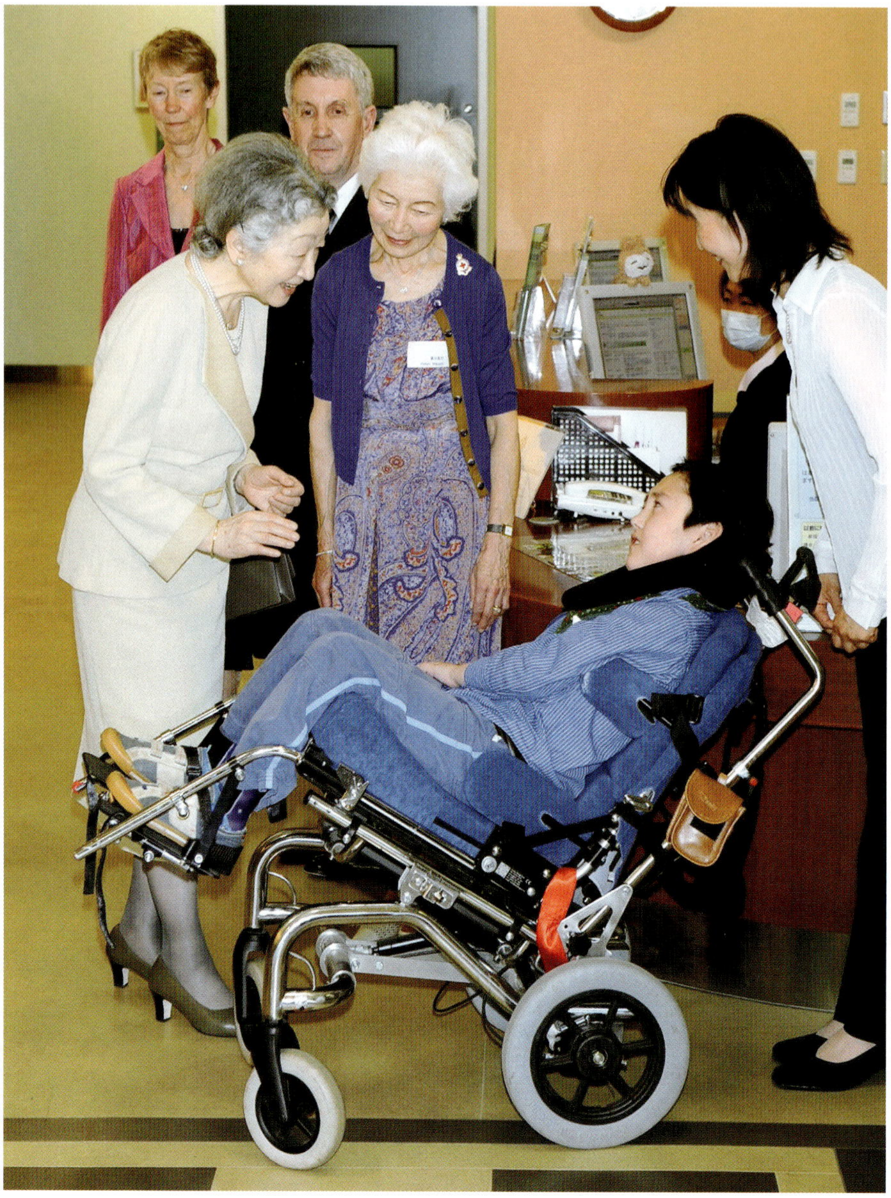

東京都中央区の病院で、英国のホスピスから来日した少年と（2009年＝平成21年5月）

第二章　御成婚五十年

両陛下御成婚

「結婚の儀」で正装された天皇、皇后両陛下（1959年＝昭和34年4月）

さわやかな春の青空の下、六頭立ての儀装馬車が軽やかなひづめの音を響かせて都心を駆け抜けた。一九五九（昭和三十四）年四月十日の皇太子ご成婚パレード。若き日の天皇陛下の隣で、民間から初めて皇太子妃として皇室に嫁いだ皇后さまの笑顔が輝く。沿道は人々の歓声で沸き、家庭では電器店から届いたばかりのテレビの前に家族が集まって中継に見入った。

終戦から十四年。焼け野原からの復興を遂げつつあった人々は、やがて来る高度経済成長期への高揚感とともに、お二人の姿に戦後の新たな皇室像を感じ取った。

「テニスコートの恋」で結ばれたお二人は、伝統を受け継ぎつつ、皇室に新風を吹き込みながら家庭を築かれた。それまでの慣習を改め、三人の子どもを一般家庭と同じように自らの手元で育てられた。キッチンに立つ皇后さまや、居間でくつろぐご一家の写真も公開され、人々は親しみとあこがれを持って理想の家庭像をご一家に重ね合わせた。

半世紀にわたって二人連れ添い歩まれた道のり。二〇〇九（平成二十一）年四月の記者会見で振り返られた言葉は、そろって「感謝」だった。

昭和天皇と香淳皇后にご結婚の儀式が終わったことを報告する「朝見の儀」を終えられ、撮影に臨まれる

儀装馬車で二重橋から常盤松東宮仮御所（当時）までパレードされた

ご婚約されたお二人。常盤松東宮仮御所で（1958年＝昭和33年12月）

ご結婚報告のために訪れた伊勢神宮の五十鈴川の川辺で（1959年＝昭和34年4月）

世紀のご成婚　列島が沸いた馬車パレード

ご結婚当日、東京都品川区の正田邸の前でご両親と（1959年＝昭和34年4月）

一九五七（昭和三十二）年八月の長野・軽井沢。若き皇太子だった天皇陛下は、テニスの対戦で皇后さまと運命の出会いを果たされた。

ダブルスのトーナメント三回戦。ネットの向こうから粘り強く球を返し続ける皇后さまに、陛下の組は逆転負けを喫したが、その印象は深く心に刻まれることになった。

日清製粉社長だった正田英三郎氏の長女として生まれた皇后さまが、聖心女子大を卒業して間もないころだった。陛下は何度も電話をかけて気持ちを伝えられたが、皇太子妃は旧皇族・華族出身者から選ぶという戦前の慣習が根強く残っていた時代。婚約を決定した皇室会議まで一年余の時間が必要だった。「承諾してくれたときは本当にうれしかった」。陛下は二〇〇九（平成二十一）年四月、ご結婚五十年の記者会見で当時の気持ちを振り返られた。

初の民間出身の皇太子妃誕生―。若きプリンスと令嬢とのロマンスを、人々はあこがれを込めて「テニスコートの恋」と呼んだ。婚約記者会見で、皇后さまが陛下の印象を「とてもご誠実で、ご立派で、心からご信頼申し上げ、ご尊敬申し上げていかれる方」と語られた言葉は当時の流行語になった。

一九五九（昭和三十四）年四月十日午前十時。東京は前日の風雨から一転の快晴。皇居・宮中三殿で「結婚の儀」が営まれ、賢所《かしこどころ》内陣でお二人は神酒の杯を受けられた。陛下は黄丹袍《おうにのほう》、皇后さまは十二単《ひとえ》におすべらかし。平安朝絵巻の再現だった。

続く馬車パレードは、皇居から東京都渋谷区にあった東宮仮御所まで約八・八キロのコース。沿道は「世紀のご成婚」を一目見ようと集まった五十数万人の人々で埋まった。馬車の陛下はえんび服に大勲位菊花大綬章、皇后さまはローブデコルテにダイヤをちりばめたティアラ、胸には勲一等宝冠章の盛装姿。今度は、おとぎ話の世界から抜け出したような光景に沿道から歓声が上がった。

六年前に本放送が始まったばかりのテレビも、こぞってパレードを中継した。前年には東京タワーが完成し、中継を見ようとテレビを購入する人が急増、その年のテレビ出荷台数は前年の約百二十万台から約二百九十万台に。豪華な結婚式を開くカップルも増えた。

三十一年後の九〇（平成二）年十一月。お二人は即位礼正殿の儀に続いてオープンカーで都内をパレードされた。「今でも深い感謝のうちに、ご成婚の日のお馬車の列で、また陛下のご即位の日の御列で人々から受けた祝福をよく思い出します。東宮妃として私を受け入れてくださった皇室のご恩愛と、私の新しい生活への二度の旅立ちを、祝福を込めて見立ててくださった大勢の方々の温かいお気持ちに報いたいと思いつつ、今日までの月日がたちました」。陛下の即位十年の記者会見で、皇后さまは二つのパレードの日をこう振り返られた。

学習院初等科に入学。戦中から戦後へと時代が大きく変化する中で少年期を過ごされた（1940年＝昭和15年4月）

七五三のお祝いで、少しおすまし顔（1940年＝昭和15年11月）

ご結婚を前に、自宅で母の富美子さんと（1959年＝昭和34年2月）

英国のエリザベス女王の戴冠式に向かう途中カナダを訪問、子どもたちの歓迎を受けられる（1953年＝昭和28年4月）

皇居・花蔭亭前で、昭和天皇と共に乗馬を楽しまれる（1949年＝昭和24年12月）

常盤松東宮仮御所で、英語教師として来日した米国のバイニング夫人に学ばれる（1950年＝昭和25年11月）

関東女子新進テニストーナメントで優勝されて（1955年＝昭和30年10月）

軽井沢で出会った両陛下は、「テニスコートの恋」を育まれた（1958年＝昭和33年8月）

新婚時代。ご結婚後もしばしばテニスを楽しまれた（1960年＝昭和35年8月、左頁）

お子さまたちのご成長

皇太子さまがご誕生。両陛下の希望で乳人（めのと）制度を廃止、お子さまをご自分の手で育てられた（1960年＝昭和35年4月）

皇太子さまと宮内庁病院を退院される（1960年＝昭和35年3月）

東宮御所の庭で遊びの相手をされる（1962年＝昭和37年12月）

健やかに成長された皇太子さまと（1963年＝昭和38年10月）

皇太子さまが学習院幼稚園へご入園（1964年＝昭和39年4月）

学習院初等科時代から国語や歴史、地理が得意だった皇太子さまの勉強を見守られる（1969年＝昭和44年2月）

秋篠宮さまを抱いて宮内庁病院を退院される（1965年＝昭和40年12月）

皇太子さまがお兄さんぶりを発揮される（1966年＝昭和41年3月）

東宮御所の庭で、秋篠宮さまのお相手をされる（1967年＝昭和42年10月）

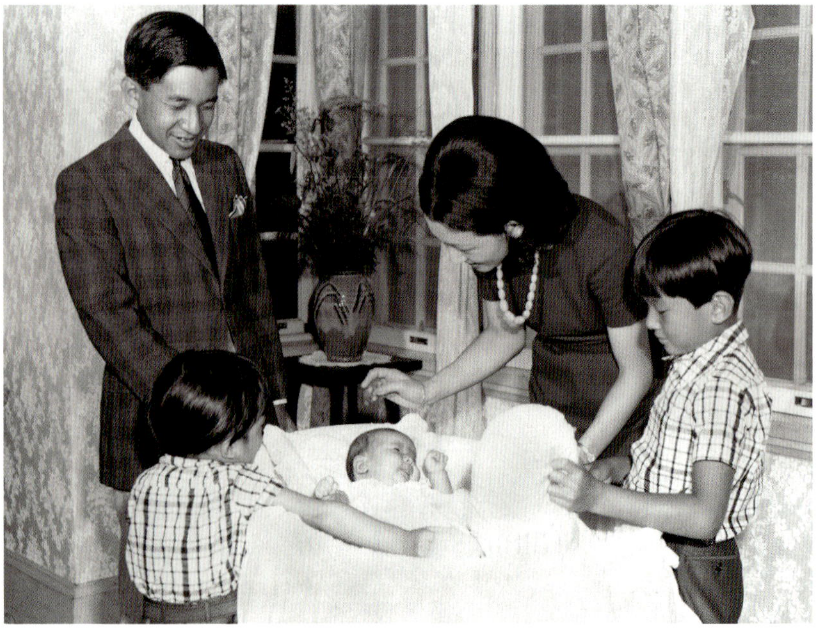

ご結婚から10年目。3人目のお子さま、清子（紀宮）さんを中心に（1969年＝昭和44年8月）

東宮御所の満開の桜の下、清子（紀宮）さんとおままごと遊び（1973年＝昭和48年4月）

数え年5歳になると行われる伝統儀式「着袴（ちゃっこ）の儀」に臨まれる清子（紀宮）さん（1973年＝昭和48年12月）

貝の標本を手にされた清子（紀宮）さんと（1974年＝昭和49年10月）

赤坂御用地内の馬場で、ご一家で乗馬を楽しまれる（1976年＝昭和51年11月）

皇太子さまと日光奥白根山への途中で（1987年＝昭和62年6月）

パナマ大統領の宮中晩さん会にご出席（1980年＝昭和55年3月）

ご一家はそれぞれに音楽好き、ホームコンサートを楽しまれることも（1987年＝昭和62年11月）

「立太子の礼」の中心儀式「立太子宣明の儀」で、皇太子さまは両陛下に皇太子としての決意を述べられた（1991年＝平成３年２月）

皇太子さまが雅子さまとご結婚。「朝見の儀」で両陛下に「結婚の儀」が無事に終了したお礼の言葉を述べられた（1993年＝平成5年6月）

秋篠宮さまが紀子さまとご結婚。「朝見の儀」で両陛下にあいさつされる（1990年＝平成2年6月）

悲しみのお別れ

昭和天皇の葬儀「大喪の礼」。東京・新宿御苑に特設された葬場殿に向かわれる（1989年＝平成元年2月）

徒歩列で葬場殿に向かわれる皇后さま

徒歩列で葬場殿に向かわれる天皇陛下

東京・新宿御苑に特設された葬場殿で御誄（おんるい）を読まれる

栃木県の那須御用邸で、昭和天皇、香淳皇后と共に（1978年＝昭和53年7月）

昭和天皇、香淳皇后とお孫さまたち（1979年＝昭和54年11月）

昭和天皇と談笑される皇后さま（1987年＝昭和62年11月）

皇后さまの父、正田英三郎氏の葬儀に参列される（1999年＝平成11年6月）

ほほ笑ましいご日常

学習院の日光・光徳小屋で（1963年＝昭和38年10月）

静岡県の沼津御用邸（当時）で（1962年＝昭和37年8月）

新しい御所ではキッチンにも立たれた（1961年＝昭和36年10月）

東京都内のデパートでの人形展へ（1964年＝昭和39年2月）

日光・光徳小屋で天皇陛下が撮られた皇后さま（1963年＝昭和38年10月、右頁）

朝早い鹿児島県徳之島の海岸で（1972年＝昭和47年9月）

オーストラリアのクラーク牧場で（1973年＝昭和48年5月）

訪問先のニュージーランドの船上で（1973年＝昭和48年5月）

札幌市内の屋内リンクで息の合ったスケートを披露される（1971年＝昭和46年2月、左頁）

若き日のご公務

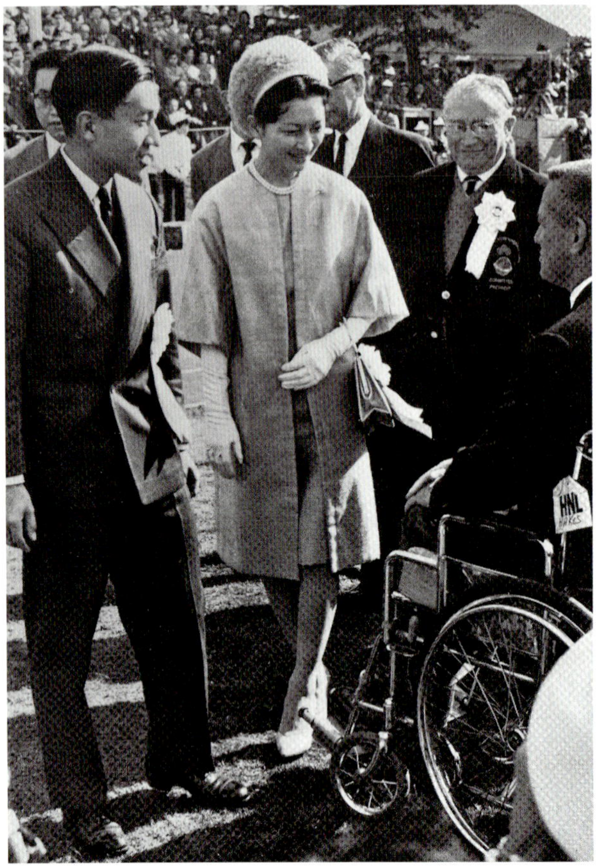

国際身体障害者スポーツ大会（東京パラリンピック）の出場選手を激励される。右は同大会の通訳奉仕団結成式であいさつされる皇后さま（1964年＝昭和39年11月）

名誉総裁を務めた日本万国博覧会（大阪万博）の閉会式に出席、手を振って応えられる（1970年＝昭和45年9月）

日米大学野球で始球式を務められる（1972年＝昭和47年7月）

日本赤十字社全国大会に出席される（1965年＝昭和40年3月）

長野県軽井沢町で沖縄豆記者と。こうした交流が沖縄に深い関心を持たれるきっかけとなった（1968年＝昭和43年8月）

沖縄国際海洋博覧会の名誉総裁として閉会式に出席された（1976年＝昭和51年1月）

愛媛県で開かれた高校総体開会式に出席された（1980年＝昭和55年7月）

岩手県で開かれた全国育樹祭で手入れをされる（1984年＝昭和59年10月）

北海道釧路市で開かれた冬季国体開会式にご出席（1984年＝昭和59年1月）

鳥取県で開かれた全国身体障害者スポーツ大会（現全国障害者スポーツ大会）で（1985年＝昭和60年11月）

茨城県で開かれた国際科学技術博覧会（科学万博）の会場を、同博の名誉総裁として視察された（1985年＝昭和60年3月）

献血10回以上の人に贈られる献血功労章（銀章）を着け、埼玉県で開かれた献血運動推進全国大会に出席された（1987年＝昭和62年7月）

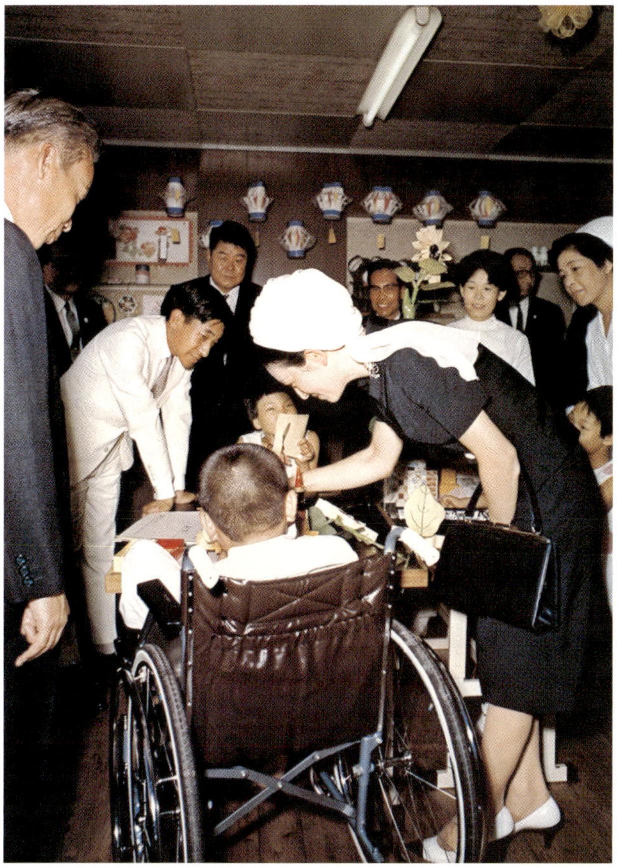

徳島県で開かれた高校総体に出席した折、小松島市の肢体不自由児の施設を訪問された（1971年＝昭和46年8月）

富山県で地域活動などについて懇談される（1976年＝昭和51年2月）

高校総体出席のため石川県を訪問、寺井町九谷焼資料館で九谷焼工芸展をご覧になる（1985年＝昭和60年7月）

三重県の滝原宮を参拝される（1975年＝昭和50年9月）

伊勢神宮で皇室から献納された神馬と再会（1984年＝昭和59年10月）

アフリカのセネガルでは、皇后さまは子どもの手を引かれた（1984年＝昭和59年2月）

昭和天皇の名代でフィリピンへ（1962年＝昭和37年11月）

アフガニスタンのバーミアン遺跡を訪問されて（1971年＝昭和46年6月）

日本からの移民70周年を記念してブラジルを訪問、オープンカーで式典会場へ入場された（1978年＝昭和53年6月）

ニューヨークのハーレムを視察される（1987年＝昭和62年10月）

赤坂御用地のテニスコートで（1978年＝昭和53年10月）

開かれた「窓」新風吹き込み新たな家庭像

語らひを重ねゆきつつ気がつきぬわれのこころに開きたる窓

ご結婚五十年を控えた二〇〇九（平成二十一）年四月の記者会見。天皇陛下は一九五八（昭和三十三）年十一月、皇室会議で婚約が決定した際に詠んだ歌を朗読して、こう振り返られた。「結婚によって開かれた窓から、私は多くのものを吸収し、今日の自分をつくっていったことを感じます」

陛下は当時の皇室の慣例に従い、三歳で両親や姉たちと離れ、東宮御所で養育係ら約三十人の側近と共に生活された。学習院高等科時代には、学友が父親から何時間もしかられた話を聞き、「父子とはそういうものなのか」と目を輝かせてうらやましがられた、とのエピソードも残る。

「私は家庭生活をしてこなかった」（結婚五十年記者会見）。自らの生い立ちから発した家族と過ごす安らぎへの思い。皇后さまとの結婚は、皇室に新しい風を吹き込む窓にもなった。

六〇年、長男浩宮（現皇太子）さまが誕生すると、お二人はそれまでの皇室のしきたりだった乳人制度や幼児期の面倒を見る保育官を廃止し、三歳になっても手元から離さず自らの手で育てられた。

皇后さまは授乳やおむつ替えのほか入浴、散歩、寝かしつけなども自らなさり、肌着やパジャマも手作りされた。海外訪問などで留守にする際には子守歌をテープに吹き込んだり、後に「ナルちゃん憲法」と呼ばれた側近への子育てメモを作られたりもした。キッチンに立って弁当を作り、公務の傍ら、三人の子の母としての役割にも心身を注がれた。

陛下も子どもたちの成長ぶりを写真や8ミリカメラで記録されるなど子煩悩ぶりをみせる一方で、秋篠宮さまが「小さいころ、いたずらが過ぎて池に放り込まれたことがある」と懇意の研究者に打ち明けたように、父親として子どもたちを厳しくしつけられた。一般家庭と同じような子育てに一部から批判もあったが、陛下は「皇室の慣習も社会の動きに従って変わっていく」と自らのスタイルを貫かれた。

ご家庭では一家そろっての食事に会話が弾み、居間に移っての団らんも続いた。陛下のチェロ、皇后さまのピアノやハープに、皇太子さまのビオラ、秋篠宮さまのギター、清子（紀宮）さんのピアノが加わったホームコンサートもしばしば開かれ、ご一家でのテニスはコートに笑顔があふれた。

「本当に五十年間よく努力を続けてくれました。その間にはたくさんの悲しいことやつらいことがあったと思いますが、よく耐えてくれたと思います」。結婚五十年の記者会見で、陛下は長年にわたり公務と家庭を支えた皇后さまをねぎらわれた。皇后さまも「陛下はいつも皇太子、天皇としてのお立場を自覚なさりつつ、私ども家族にも深い愛情を注いでくださいました」と感謝の気持ちを示された。

米国滞在中、ライシャワー元駐日大使夫妻をお訪ねになる（1987年＝昭和62年10月）

第三章　友好親善のきずな

賓客を迎えて

宮中晩さん会に出席するスペインのカルロス国王ご夫妻を出迎えられる（2008年＝平成20年11月）

天皇、皇后両陛下は皇太子時代から外国訪問や、外国からの賓客の接遇を重ねられてきた。「皇室外交」と呼ばれることもあるが、条約の締結や経済交渉といった政治的な外交とは別の立場から、各国との友好親善を深められている。心を尽くした訪問やもてなしは、日本と各国との懸け橋となり、相互理解を進めるきっかけにもなっている。

両陛下は一九九九（平成十一）年から二〇〇八年までの十年間に、延べ約三百五十回にわたり外国からの賓客をもてなされた。このうち最上格となる国賓の接遇は十八回。迎賓館や皇居での歓迎行事のほか、宮殿で会見や宮中晩さん会を催し、時には国内を案内される。ほかにも、ほぼ毎月のように公賓などの賓客を昼食会などでもてなされている。

これまでにお二人で訪れた国は、非公式を含め五十五カ国に上る。即位後初めての訪問は一九九一年のタイ、マレーシア、インドネシア。翌年には歴代天皇として初めて中国を訪れ、その後も欧州各国や米国、ブラジル、シンガポールなどを訪問。二〇〇九年七月にはカナダと米ハワイに滞在された。

宮殿・豊明殿で開かれた宮中晩さん会でスペインのカルロス国王ご夫妻と乾杯される（2008年＝平成20年11月）

スペインのカルロス国王ご夫妻と共に、特別列車でJR上野駅から茨城県へ向かわれる（2008年＝平成20年11月）

デンマークのマルグレーテ2世女王ご夫妻を迎えられての宮中晩さん会で（2004年＝平成16年11月）

モロッコのモハメド6世国王を歓迎する晩さん会であいさつされる（2005年＝平成17年11月）

中国の胡錦濤国家主席夫妻を迎え、皇居・宮殿で歓迎行事に臨まれる（2008年＝平成20年5月）

ハンガリーのゲンツ大統領夫人と（2000年＝平成12年4月）

スウェーデンのグスタフ国王ご夫妻を埼玉県川越市の喜多院に案内、
満開の桜を楽しまれる（2007年＝平成19年3月）

韓国の李明博大統領と会見される（2008年＝平成20年4月）

インドのシン首相夫妻を迎えられる（2008年＝平成20年10月）

ロシアのプーチン大統領（当時）と会見される（2005年＝平成17年11月）

英国のチャールズ皇太子ご夫妻を出迎えられる（2008年＝平成20年10月）

ブータンの王妃と王女を出迎えられる（2004年＝平成16年10月）

迎賓館にフィリピンのアロヨ大統領を迎えられる（2002年＝平成14年12月）

クリントン前米国大統領（当時）をお茶に招かれる（2003年＝平成15年11月）

御所でクリントン米国国務長官を出迎えられる（2009年＝平成21年2月）

各国ご訪問（平成元年～平成10年）

インドネシアのジョクジャカルタの林木育種センターを訪問、織物を贈られる（1991年＝平成3年10月）

初めて天皇の訪問が実現した中国で、西安の西大門城壁からシルクロード方面を眺望される（1992年＝平成4年10月）

イタリアのカステル・ガンドルフォ離宮でローマ法王ヨハネ・パウロ2世と会見された（1993年＝平成5年9月）

ベルギーのアルベール国王ご夫妻主催の晩さん会に向かわれる
（1993年＝平成5年9月）

ドイツのベルリンでは、ワイツゼッカー大統領夫妻の案内でブランデンブルク門を歩いてくぐられた（1993年＝平成5年9月）

フランスのパリの凱旋門で献花式に臨まれる（1994年＝平成6年10月）

ブラジルでは、船上からアマゾンの熱帯雨林などを視察された（1997年＝平成9年6月）

ポルトガルのジェロニモス修道院を視察される（1998年＝平成10年5月）

デンマークのマルグレーテ2世女王ご夫妻主催の晩さん会に臨まれる（1998年＝平成10年6月）

日本との交流400年の記念の年、オランダのベアトリックス女王ご夫妻主催の晩さん会に臨まれる（2000年＝平成12年5月）

スイスのジュネーブの赤十字国際委員会を訪問される（2000年＝平成12年5月）

オランダのライデンの運河沿いの道で、女子学生と談笑される（2000年＝平成12年5月）

ポーランドのワルシャワの旧市街広場で（2002年＝平成14年7月）

チェコのプラハ城の音楽の間で、ハベル大統領夫妻と共に室内楽の演奏を楽しまれる（2002年＝平成14年7月）

ポーランドのワルシャワのショパン記念碑前で（2002年＝平成14年7月）

ノルウェーのオスロの王宮前広場で行われた歓迎式典に、ホーコン皇太子と共に臨まれる（2005年＝平成17年5月）

ノルウェーのカンタレッレン高齢者センターを視察される（2005年＝平成17年5月）

ノルウェーのトロンヘイム市内を、メッテマリット皇太子妃と船で遊覧される（2005年＝平成17年5月）

シンガポールのジュロン日本庭園で在留邦人の歓迎を受けられる（2006年＝平成18年6月）

タイ国王即位60年の記念行事に出席、プミポン国王の出迎えを受けられる（2006年＝平成18年6月）

エストニアの首都タリンの歌の広場で、合唱団の代表に声を掛けられる（2007年＝平成19年5月）

リトアニア民俗祭ではこんな場面も（2007年＝平成19年5月）

スウェーデンのグスタフ国王ご夫妻とベルギアンスカ植物園を見学される（2007年＝平成19年5月、右頁）

ラトビア大で4億年前の化石の説明を受けられる（2007年＝平成19年5月）

英国の世界初の小児ホスピスを訪問される（2007年＝平成19年5月）

英国ロンドンのリンネ協会で基調講演される天皇陛下。分類学の父リンネの生誕３００年祭にあたり、リンネ協会は長年、分類学のご研究に携わり、同協会の名誉会員である天皇陛下を基調講演者としてお招きした（2007年＝平成19年5月）

カナダを訪問、歓迎行事で馬車の上から手を振られる（2009年＝平成21年7月）

カナダの首都オタワの総督邸で、ジャン総督（女性）夫妻と共に晩さん会に向かわれる（2009年＝平成21年7月）

カナダの小児病院で子どもたちと交流される（2009年＝平成21年7月）

カナダの小児病院で、皇后さまは子守歌を歌われた（2009年＝平成21年7月）

カナダの冬季五輪競技会場を訪問されて（2009年＝平成21年7月）

日本とカナダの修好80周年記念イベントに出席されて（2009年＝平成21年7月）

米国ハワイ州のオアフ島で、「皇太子明仁親王奨学金」の財団設立50周年の夕食会に出席される（2009年＝平成21年7月）

米国ハワイ州のハワイ島で、歓迎を受けられる（2009年＝平成21年7月）

「お言葉」に思い込めて 心通う触れ合いも

オランダのアムステルダムのゴッホ美術館で（2000年＝平成12年5月）

天皇、皇后両陛下の国賓接遇や外国公式訪問で最も華やかな場面となる晩さん会。その席で天皇陛下が述べられる「お言葉」には、政治に関与しない象徴天皇の立場を守りながら、自らの思いを込められている。

二〇〇〇（平成十二）年五月、両陛下はオランダを公式訪問。同国内では太平洋戦争中、オランダ領だったインドネシアで旧日本軍の捕虜や抑留者となった人たちが、当時の処遇に対して日本政府に賠償を求め、抗議活動を続けていた。

アムステルダム王宮で開かれた晩さん会。ベアトリックス女王の隣に立った陛下は、お言葉でこうあいさつされた。

「先の大戦で戦火を交えることになったのは誠に悲しむべきこと」「今なお戦争の傷を負い続けている人々のあることに深い心の痛みを覚えます」

率直な思いを語られた陛下に、抑留者団体の代表は「被害者の苦しみに理解を示された」と驚きを隠さず、「精神的な補償は終わった」と述べた。晩さん会直前には、女王の計らいで引き揚げ者たちと懇談、当時の苦しみを訴える声に耳を傾けながら、自らの心の痛みを伝えられた。「素晴らしい出来事。尊敬を覚えた」と引き揚げ者。両陛下の誠意が、わだかまりを少しずつ解いていった。

かつての植民地支配から複雑な感情が残る日韓関係。陛下の即位後、四代の韓国大統領が国賓として来日した。晩さん会のお言葉で陛下は日本の加害責任に触れ、一人称で思いを述べられた。「わが国によってもたらされたこの不幸な時期に、貴国の人々が味わわれた苦しみを思い、私は痛惜の念を禁じ得ません」「わが国が朝鮮半島の人々に大きな苦しみをもたらした時代がありました。そのことに対する悲しみは、常に私の記憶にとどめられております」

〇三年五月、盧武鉉大統領夫妻を迎えた晩さん会では「古くから両国の人々がたどってきた歴史を、常に真実を求めて理解しようと努め、両国国民間のきずなを揺るぎないものにしていかなければならないと思います」と、歴史を理解し合うことの意義を強調された。

訪問先の国々で、市民と心を通わせる触れ合いも大切にされている。

〇七年五月、エストニアなど旧ソ連のバルト三国を初めて歴訪された。一九九一年のリトアニア独立の際、非武装の市民がソ連軍に制圧された「血の日曜日事件」の犠牲者らが埋葬されているアンタカルニス墓地。献花、黙とうを終えた両陛下は、訪問を知って集まった遺族らの一団に気付き、近づいていかれた。

「お父さんはどこで犠牲になられたのですか」と陛下。「いい息子さんだったのでしょう。どんなにおさみしいことだったか」。手を握って話し掛けられる皇后さま。「一人息子だったので…」。遺族のほおを涙が伝った。

日系の人々と共に

東京都千代田区で開かれた海外日系人大会に出席される（1999年＝平成11年5月）

労苦重ねた日系の人々に心を寄せて

南米などの異国に新天地を求め、労苦を重ねながら現地の社会に根差した日系の人たちに、天皇、皇后両陛下は皇太子時代から心を寄せられてきた。

皇太子時代に二度ブラジルを訪れている両陛下は即位後の一九九七（平成九）年六月、ブラジル、アルゼンチンを歴訪、各地で日系人らから熱狂的な歓迎を受けられた。

ブラジル大統領夫妻主催の晩さん会。スピーチの中で天皇陛下は、日本からの移住者を温かく迎え入れたブラジルの人々に謝意を示した上で「今日、日系ブラジル人はさまざまな分野で社会に尽くしており、わが国民との重要な接点となっていることを心強く、喜ばしく思っています」と述べ、九十年に及ぶ日系人の労に敬意を表された。

ブラジル移住百年を迎えた二〇〇八年。両陛下は四月、世代を経て日本に渡った日系ブラジル人が多く住む群馬県の大泉町と太田市を訪れ、家電製品工場で働く若い日系人を励まされた。東京都内で開かれた移住百周年記念式典にも出席。陛下は「日本の地域社会において、日々努力

日系ブラジル人が働く群馬県大泉町の工場を視察される（2008年＝平成20年4月）

東京都港区で開かれた日本人のブラジル移住100年の記念式典で、移住した人々の労苦をねぎらわれた（2008年＝平成20年4月）

群馬県太田市の小学校で日系外国人児童の授業を参観される（2008年＝平成20年4月）

ブラジルの日系人農家を訪問、レタス畑を視察される（1997年＝平成9年6月）

を重ねている日系の人々が温かく迎えられることが大切」とあいさつし、地域社会と日系の人たちとの共生を求められた。

○九年七月のカナダ、米ハワイ訪問では、先々で多くの日系人と懇談された。カナダの日系人は太平洋戦争の際、政府に財産を没収され、へき地への移住を強いられた経験を持つ。両陛下は高齢の日系人たちに「ご苦労を重ねたでしょうね」と声を掛け続けられた。

陛下にとってカナダは、英国女王の戴冠式に向かう途上の一九五三（昭和二十八）年、初めて外国の地で宿泊した思い出の地。半世紀を経た日系人との再会もあり、空軍の同行係として大陸横断の旅を共にした日系2世のグレース・フルヤさんは「陛下は五十六年も前のことを良く覚えていて、親切にお話くださった」と感激した。

ハワイでは、両陛下の結婚を機に設立された「皇太子明仁親王奨学金」の財団設立五十周年を記念する夕食会に出席、奨学金の発展に尽力した日系人をねぎらわれた。太平洋戦争などの戦死者らが埋葬され、米兵として戦った日系人も眠る国立太平洋記念墓地も訪問。突然降り出したスコールにぬれながら花を静かに手向けられた。

カナダの日系文化会館で（2009年＝平成21年7月）

米国ハワイ州のオアフ島のカピオラニ公園で日系人関係者と（2009年＝平成21年7月）

カナダの老人ホームで日系人に話し掛けられる（2009年＝平成21年7月）

第四章　国民の安寧を祈る

被災地の苦難を思う

新潟空港に到着、新潟県中越地震のお見舞いに向かわれる（2004年＝平成16年11月）

多くの人々の命と財産を奪う災害と戦争。天皇、皇后両陛下はその深い悲しみに寄り添い、励ましの声を掛けられてきた。「皇室は祈りでありたい」。政治的な権能を持たない皇室。その在り方を、皇后さまはかつてこう話された。お二人のこの思いは、被災地訪問や戦没者の慰霊へとつながっていく。

即位後、雲仙普賢岳噴火や阪神大震災、新潟県中越地震などの大災害が発生。そのたびに被災地に赴いた両陛下は、家族や家を失い、悲しみにうちひしがれる人々の手を握って力づけ、気持ちを復興へと導かれた。

幼少期を戦争の時代に過ごされた両陛下。戦後五十年の一九九五（平成七）年夏に長崎、広島、沖縄などを巡った「慰霊の旅」に続き、戦後六十年の二〇〇五年六月、旅路を海外に延ばし南洋の米自治領サイパン島に。「天皇陛下万歳」と叫びながら人々が身を投げたバンザイクリフなどを訪ね、紺ぺきの海に深々と頭を下げられた。

皇居の森の奥深くに鎮まる宮中三殿と神嘉殿《しんかでん》。そこでは新嘗祭《にいなめさい》などの宮中祭祀《さいし》が営まれている。身を清めて装束に着替え、皇祖や歴代天皇の霊、神々に臨まれる陛下。国民の安らかな暮らしと国の発展を祈られる。

新潟県中越地震被災地の川口町を訪問、避難生活を送る被災者に声を掛けられる（2004年＝平成16年11月）

新潟県中越地震の被災地、旧山古志村（現長岡市）の復興状況を視察される（2008年＝平成20年9月）

新潟県中越沖地震の被災地、柏崎市の避難所で（2007年＝平成19年8月）

新潟県中越沖地震の被災地、刈羽村の避難所で（2007年＝平成19年8月）

地震による被害が出た伊豆諸島の神津島で（2001年＝平成13年7月）

東京都八王子市で暮らす三宅島噴火の被災者を訪問される（2002年＝平成14年3月）

北海道南西沖地震の奥尻島の慰霊碑に花を供えられる（1999年＝平成11年8月）

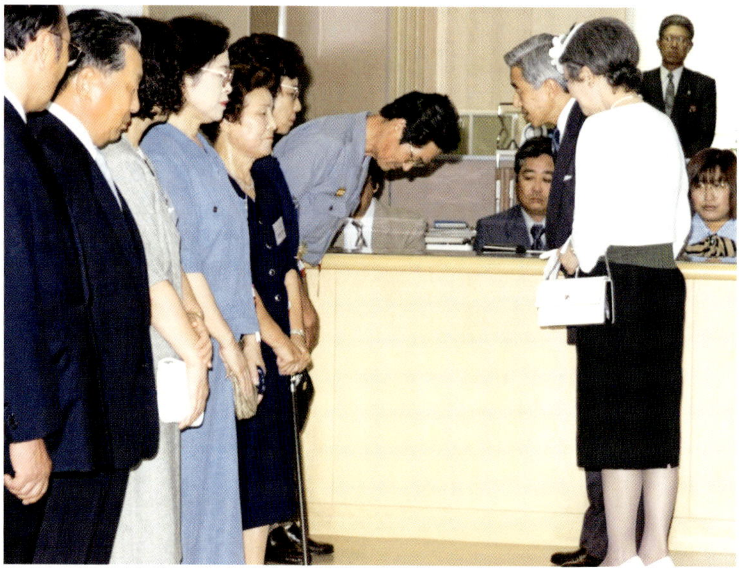

北海道北桧山町（現せたな町）役場で北海道南西沖地震の復興に尽力した人たちの労をねぎらわれる（1999年＝平成11年8月）

集中豪雨に遭った福島県西郷村の復興ぶりを視察される（1999年＝平成11年9月）

福岡県西方沖地震の被災地、玄界島を訪問される（2007年＝平成19年10月）

阪神大震災で被災した神戸市長田区の菅原市場跡で、皇居の水仙を供花される（1995年＝平成7年1月）

阪神大震災の被災者を見舞われ、手を振る天皇陛下と「がんばって」とこぶしを握る皇后さま（1995年＝平成7年1月）

阪神大震災の被災地をお見舞い。神戸市東灘区で被災者を励まされる（1995年＝平成7年1月、右頁）

雲仙普賢岳噴火の被災地をお見舞い（1991年＝平成3年7月）

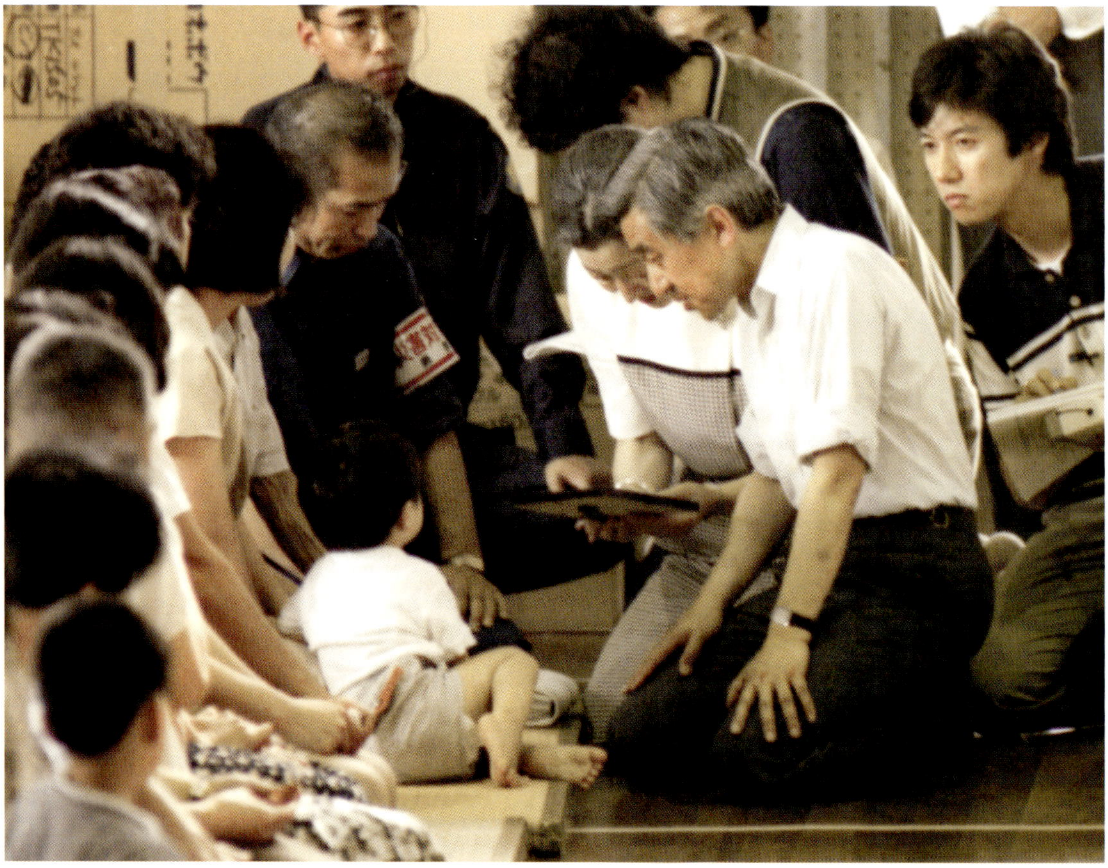

雲仙普賢岳噴火のお見舞いで被災者の遺影を手にされる皇后さま（1991年＝平成3年7月）

「国民と苦楽を共に」　被災地ご訪問重ねる

阪神大震災の復興状況を視察、住民に声を掛けられる（2001年＝平成13年4月）

複雑な地形からなる日本列島はしばしば自然災害に襲われ、時に多くの犠牲者を出すこともある。雲仙普賢岳噴火や阪神大震災、新潟県中越地震…。天皇陛下の即位後に発生した大災害の現場には、被災者たちを励まされる天皇、皇后両陛下の姿があった。

新潟県中越地震発生から約二週間後の二〇〇四（平成十六）年十一月、両陛下は自衛隊のジェット機とヘリコプターを乗り継いで、地震のつめ跡が生々しく残る被災地に向かわれた。上空から全村避難に追い込まれた山古志村（現長岡市）の状況を視察、被害が大きかった長岡市や小千谷市などの避難所を回られた。

「つらかったでしょう。お体どうですか」「健康には気を付けてください」。お年寄りやボランティアの手を握って励まされる両陛下。小千谷市の体育館では余震にも襲われたが、驚く様子も見せず、皇后さまは赤ちゃんのほおを優しくなでられた。食事も「被災者と同じものを」と市販の弁当で済まされた。

即位後初めての被災地訪問となった一九九一年の長崎県の雲仙普賢岳噴火。シャツを腕まくりし、避難所の床にひざをついて被災者に声を掛けられる姿に、一部から「天皇陛下とあろうお方が…」との声もあった。しかし、その後も両陛下はスタイルを変えることなく、現在では定着したお二人の姿に。その源になっているのは「国民と苦楽を共にしたい」との強い思いだ。

両陛下のまなざしは、生活や地域の基盤が崩壊した被災者たちの苦しい状況にも長く注がれる。二度、三度と被災地を訪れて復興状況や長期避難を余儀なくされた人々の生活を案じ、励まし続けられている。

六千四百三十四人の犠牲者が出た九五年一月の阪神大震災。発生約二週間後に現地入りされた後も二〇〇一年に再訪。さらに復興が進んだ〇五年一月の震災十年の追悼式典にも出席し、陛下は「失われた多くの命を惜しみ、その死を決して無にすることのないよう、皆がさらに力を尽くしていくことを願います」と述べて、震災の記憶を風化させることのないよう求められた。

新潟県中越地震から四年を迎えようとしていた〇八年九月、両陛下は再び被災地に。旧山古志村にも足を運んで伝統の闘牛「牛の角突き」の練習風景を見学、長岡市では被災した人々と懇談し、復興への尽力をねぎらわれた。

なゐにより避難せし牛もどり来て角突きの技見
るはうれしき

かの禍《まが》ゆ四年《よとせ》を経たる山古志に牛らは直《なほ》く角《つの》を
合はせる

被災地の復興が進んでいく喜びを、陛下と皇后さまはそれぞれ〇九年の年頭に合わせて発表した和歌に託された。

鎮魂と平和への思い

広島市の平和記念公園で原爆死没者慰霊碑に供花される（1996年＝平成8年10月）

「慰霊の旅」の始まりの長崎市「恵の丘長崎原爆ホーム」で（1995年＝平成7年7月）

天皇として初めて沖縄県を訪問、ひめゆりの塔で献花される
（1993年＝平成5年4月）

沖縄県糸満市の沖縄平和記念堂で、戦没者の遺族に哀悼の意を表し、戦後の復興の労をねぎらわれる（1993年＝平成5年4月）

オランダのアムステルダムのダム広場で、第2次大戦の戦没者記念碑に供花し黙とうされる（2000年＝平成12年5月）

リトアニアのアンタカルニス墓地で供花される（2007年＝平成19年5月）

初めて硫黄島を訪問、鎮魂の丘の慰霊碑に献水される（1994年＝平成6年2月）

東京・日本武道館で行われた全国戦没者追悼式で（2009年＝平成21年8月）

サイパン　初めての海外慰霊

戦後60年。多くの日本人が身を投じたスーサイドクリフに立たれる（2005年＝平成17年6月）

戦友会の代表から、当時の様子をお聞きになる

宿舎のホテルで元日本兵などとお会いになる

中部太平洋戦没者の碑へ供花される。サイパンでは日米両軍や島民のほか、在留邦人1万2000人の命が失われた

バンザイクリフで黙礼される

静かな祈りサイパンで　初の海外慰霊の旅

サイパンの敬老センターでお年寄りに声を掛けられる

南国の強い日差しの下、厳粛な祈りをささげられた。太平洋戦争末期、日米両軍の激戦地となり、民間人を巻き込んで約六万人が犠牲となった米自治領サイパン島。天皇、皇后両陛下は二〇〇五（平成十七）年六月二十八日、絶壁の突端に立ち、眼下に広がる青い海と白く砕ける波を前に静かに拝礼された。

「静かに祈りを果たしたい」。陛下の強いお気持ちで、戦後六十年に初めて実現した海外への慰霊の旅。両陛下が立たれた島最北部のバンザイクリフは、追い詰められた島民や日本兵らが「天皇陛下万歳」と叫び次々と身を投げた場所だ。

両陛下はスーサイドクリフや米軍の慰霊碑、先住民の記念碑、さらに予定を公表していなかった沖縄出身者、朝鮮半島出身者それぞれの慰霊碑にも足を運び、犠牲になった人々を国籍を問わず追悼された。沖縄をはじめ国内の遺族には「戦後の区切りがついた」と語る人も。在日韓国・朝鮮人の間にも「植民地の犠牲者にも思いを寄せられていた」と受け止める声があった。

戦《いくさ》なき世を歩みきて思ひ出づかの難《かた》き日を生きし人々

この年一月の歌会始。陛下は、戦後六十年を平和のうちに迎える中、先の大戦で苦難の日々を生きた人々への思いを詠まれた。日米両政府が両陛下のサイパン訪問を水面下で協議していた時期でもあった。

一九四五（昭和二十）年秋、疎開先の日光から帰京した十一歳の少年の目に飛び込んだ焼け野原の光景。これが、戦争犠牲者への慰霊と平和を希求する陛下のお気持ちの原点とされる。翌年の書き初めには「平和國家建設」としたためられた。

「（日本人には）記憶しなければならない四つの日がある」。沖縄戦の組織的戦闘の終結日とされる六月二十三日と広島、長崎への原爆投下の日、そして終戦の日。皇太子時代から、これらの日にはご一家で黙とうを続けられてきた。戦後五十年の九五（平成七）年には長崎、広島、沖縄、東京都慰霊堂を訪問。前年も日米の激戦地、硫黄島を訪ねるなど両陛下で国内での慰霊を重ねられた。

皇后さまは二〇〇五年十月の誕生日の文書回答で、こうした国内での慰霊を経て実現したサイパン訪問に触れ「陛下が年来の希望をお果たしになりました」と明かし、「私どもの世代が戦争と平和につき、さらに考えを深めていかなければいけないとの思いを深くしています」と記された。

「厳しい戦争のことを思い、心の重い旅でした」。陛下もこの年十二月の誕生日会見で、サイパンへの旅を振り返りながら、歴史認識やその継承の重要性にも言及し「過去の歴史をその後の時代とともに正しく理解しようと努めることは日本人自身にとって、また日本人が世界の人々と交わっていく上にも極めて大切なこと」と指摘された。

「昭和の負の遺産」に心を寄せるとともに、「象徴」として新たな足跡を刻む旅でもあった。

伊勢神宮に即位を報告する「神宮に親謁の儀」に臨まれる天皇陛下（1990年＝平成2年11月）

民やすかれ　宮中の祈り

「神宮に親謁の儀」に臨まれる皇后さま

神嘗祭（かんなめさい）で、宮中三殿の賢所（かしこどころ）に新穀をお供えになる（2004年＝平成16年10月）

伊勢神宮外宮正殿参拝を終えられた皇后さま

伊勢神宮内宮正殿を参拝される（2001年＝平成13年11月）

伊勢神宮の内宮参拝を終えて御在所へ向かわれる

孝明天皇陵・英照皇太后陵を参拝される（1997年＝平成9年8月）

日本国際博覧会（愛知万博）視察などのため愛知県を訪問、熱田神宮に参拝される（2005年＝平成17年7月）

昭和天皇を祭る武蔵野陵を参拝される（2008年＝平成20年6月）

伝統重んじ、厳かに宮中祭祀

天皇には憲法が定める「日本国、日本国民統合の象徴」と同時に、宮中祭祀の主宰者という側面がある。天皇陛下は伝統を重んじながら年間三十数回の祭祀を執り行い、国民の安寧や五穀豊穣《ほうじょう》を祈られている。

憲法の政教分離原則から、宮中祭祀は天皇の私的行為と位置付けられている。祭祀が行われるのは、主に皇居内にある賢所、神殿、皇霊殿の総称「宮中三殿」と、それに付属する神嘉殿。

祭祀の一年は元旦から始まる。陛下は神嘉殿の前庭に立ち、伊勢神宮や歴代天皇陵に向かって国民の安寧を祈る「四方拝」に臨み、続く「歳旦祭」で宮中三殿に参拝。最も重要とされる祭祀は、十一月二十三日の夕方から翌日未明にかけての「新嘗祭」。都心とは思えない静寂。暗闇にかがり火がたかれる中、神嘉殿にその年収穫された米を供え、陛下自らも食される。そのほか春分、秋分の日に歴代天皇をまつる「春季皇霊祭」「秋季皇霊祭」など一年を通じて祭祀は続く。

陛下の負担を考慮し、二〇〇九（平成二十一）年から掌典職が一部を代行するなどの形で簡略化も始まったが、「真摯《しんし》なお気持ちに変わりはない」（側近）という。

島根県で開かれた全国豊かな海づくり大会出席を前に、出雲大社を参拝される（2003年＝平成15年10月）

第五章　日々の務めとご日常

憲法の規定に心し

第171通常国会の開会式でお言葉を述べられる（2009年＝平成21年1月）

多岐にわたる天皇陛下のご活動。その中には直接国民の目に触れないものも多く、その多忙さはあまり知られていない。

憲法が天皇の権能としている「国事行為」。内閣の助言と承認の下に①首相の任命②最高裁長官の任命③憲法改正、法律、政令、条約の公布④国会の召集⑤衆議院の解散―など十三項目を定めている。二〇〇八（平成二十）年の一年間で国事行為は千百件を超えた。

これとは別に、象徴天皇として国民の期待に応えようと、皇后さまと共に取り組まれている活動も多い。式典出席や国内各地の視察などを通じて多くの国民と接する機会を持たれている。一人一人との触れ合いを大切にされるのが両陛下のスタイルで、全国から集まる皇居の清掃ボランティア「勤労奉仕団」にも丁寧に声を掛けて回られる。

陛下は近年、豊かな自然に恵まれた皇居や御用邸の開放も進められている。皇居の吹上御苑では〇七年から春、秋の年二回、自然観察会が開かれている。栃木県の那須御用邸は用地の半分を環境省に移管、一一年度から自然体験の場として活用される予定だ。

国会の召集は憲法に定められた天皇の国事行為の一つ。参院本会議場で（2009年＝平成21年1月）

閣議決定後お手元へ届けられた書類は、一つ一つご覧の上、署名、押印される（2003年＝平成15年2月）

宮殿・松の間で、鳩山由紀夫首相の親任式に臨まれる（2009年＝平成21年9月）

視覚障害の勲章受章者に声を掛けられる。宮殿に初めて盲導犬がお供（2007年＝平成19年11月）

大綬章の勲章親授式で、受章者の労をねぎらわれる（2009年＝平成21年5月）

駐日オランダ大使の信任状奉呈式に臨まれる（2008年＝平成20年8月）

外国大使の信任状奉呈式で使われる馬車

人々に心を寄せ

宮殿・長和殿のベランダから、新年一般参賀で訪れた人たちに手を振られる（2009年＝平成21年1月）

新年一般参賀であいさつされる（2009年＝平成21年1月）

皇族方もおそろいに。参賀には約7万5800人が訪れた（2009年＝平成21年1月）

春の園遊会でノーベル賞受賞者の小林誠氏らと歓談される（2009年＝平成21年4月）

北京五輪の金メダリスト北島康介選手と言葉を交わされる（2008年＝平成20年10月）

京都大の山中伸弥教授らと懇談される（2009年＝平成21年4月）

宮殿・鳳凰の間で厚生労働事務次官からご進講を受けられる（2009年＝平成21年3月）

秋の褒章受章者を皇居に招かれる（2008年＝平成20年11月）

日本青年海外派遣団員らと歓談される（2008年＝平成20年9月）

愛知万博の開会式でお言葉を述べられる（2005年＝平成17年3月）

イラクに派遣された自衛隊員らと（2006年＝平成18年12月）

日本芸術院授賞式で受賞作品をご覧に（2008年＝平成20年6月）

日本学士院賞の受賞者と（2008年＝平成20年6月）

皇居の勤労奉仕団の人たちと（2009年＝平成21年3月）

那須御用邸でヤマドリを放鳥される（2008年＝平成20年10月）

長野県の農家を訪問、地元特産の高原レタスを収穫された（2005年＝平成17年8月）

長野県軽井沢町の開拓記念館で（2008年＝平成20年8月）

那須御用邸近くのリンゴ園でリンゴ狩りを楽しまれる（2007年＝平成19年9月）

大相撲観戦に訪れた両国国技館で横綱朝青龍らの出迎えを受けられる（2006年＝平成18年1月）

皇居・済寧館の武道場で開かれた皇宮警察創立120周年記念武道大会を観戦される（2006年＝平成18年6月）

全国赤十字大会で（2009年＝平成21年5月）

スイスで開かれた国際児童図書評議会（IBBY）創立50周年記念大会で、名誉総裁の一人としてお祝いの言葉を述べられる皇后さま（2002年＝平成14年9月）

日々の務めに心砕き、努力重ねる人々励ます

日本点字図書館を訪問されて（1998年＝平成10年11月）

皇居・宮殿にある天皇陛下の執務室「菊の間」。背広姿の陛下が机に向かい、手元の文書に目を通される。やがて毛筆を手に取り、丁寧に「明仁」と署名、印を静かに押される—。

憲法が定める国事行為として陛下が二〇〇八(平成二十)年に署名、押印された法律、外交文書など政府関係書類は千七十四件。主に毎週火、金曜日の閣議を経て宮殿に届けられるが、陛下の決裁がないと効力を発しないため、地方の訪問先や静養中の御用邸にまで持ち込まれることも多い。

「重任、ご苦労に思います」。深夜の宮殿「松の間」に陛下の言葉が響く。内閣発足や改造に伴う閣僚認証式も国事行為の一つ。閣僚が一人ずつ松の間に入り、モーニング姿で立つ陛下の前に進み出るたびに声を掛けられる。組閣が難航すると、式が夜半に及ぶことも珍しくない。

活動は国事行為以外にも及ぶ。全国植樹祭や国民体育大会といった地方訪問のほか、新年や天皇誕生日の一般参賀、式典への出席、さらに研究施設や中小企業の工場の視察などにも皇后さまと臨まれる。これらの活動には「各分野で努力を重ねている人々を励ましたい」とのお気持ちが強く反映されている。

「私的な活動」として位置付けられているものも少なくない。皇居内にある水田での田植えは昭和天皇から始まった行事。陛下は形よりも意義を重視して、種もみまきや稲刈りも自ら当たられている。皇后さまも皇居内での養蚕作業を受け継ぎ、ふ化した蚕の幼虫を鳥の羽根ではき集めて桑の葉を与える「掃《は》き立て」など、節目ごとに蚕に手を掛けられる。

陛下は公務の合間、研究者としての活動も続けられている。専門のハゼの分類では約三十編の論文を発表。〇八年には秋篠宮さまらと共同執筆された論文がオランダの国際遺伝学雑誌に掲載され、皇居内に生息するタヌキの生態を調べた論文も共著で発表された。

皇后さまも童話の創作や翻訳を通じて児童文学の普及に努められている。〇二年九月には、スイスで開かれた国際児童図書評議会（IBBY）創立五十周年記念大会に、大会名誉総裁として出席。開会式での英語スピーチが参加者に感動を与えた。

多忙な日々を送られる両陛下の負担軽減は宮内庁の懸案事項だったが、「一つ一つに心を砕き、完ぺきに務めを果たそうという考えがお強い」(側近)こともあり調整が進まなかった。

〇三年一月、陛下が前立腺がんの手術を受けられ、その後、治療の副作用で骨粗しょう症になる恐れが発覚。〇八年末には心身のストレスが原因とみられる胃腸の炎症が確認された。皇后さまも近年、しばしば体調不良を訴えるようになられた。宮内庁はこうした状況や七十代半ばという両陛下の年齢を考慮。〇九年一月、一部式典での「お言葉」省略などの軽減策を初めて打ち出した。

伝統を受け継ぎ

宮殿・松の間での「新年祝賀の儀」に臨まれる（2009年＝平成21年1月）

元日の儀式「晴の御膳（ごぜん）」で、箸（はし）を立てる所作をされる（2004年＝平成16年1月）

「新年祝賀の儀」で、民族衣装で正装した駐日大使から新年のあいさつを受けられる（2001年＝平成13年1月）

「新年祝賀の儀」で、国会議員らから新年のあいさつを受けられる（2000年＝平成12年1月）

「講書始の儀」でご進講を受けられる（2009年＝平成21年1月）

「歌会始の儀」。この年のお題は「火」、天皇陛下は前年の秋田国体出席の折の情景を詠まれた（2008年＝平成20年1月）

自ら植えた稲を刈り取られる（2008年＝平成20年10月）

昭和天皇から引き継がれたお田植え（2008年＝平成20年5月）

皇居内の紅葉山御養蚕所で蚕に桑を与えられる（2003年＝平成15年5月）

皇室に伝わる「源氏物語画帖」をご覧になる（2008年＝平成20年10月）

新嘗祭に用いる米を献納した農家とお会いになる（2003年＝平成15年10月）

さまざまなご日常

御所の庭を散策、アサマキスゲをご覧になる（2008年＝平成20年7月）

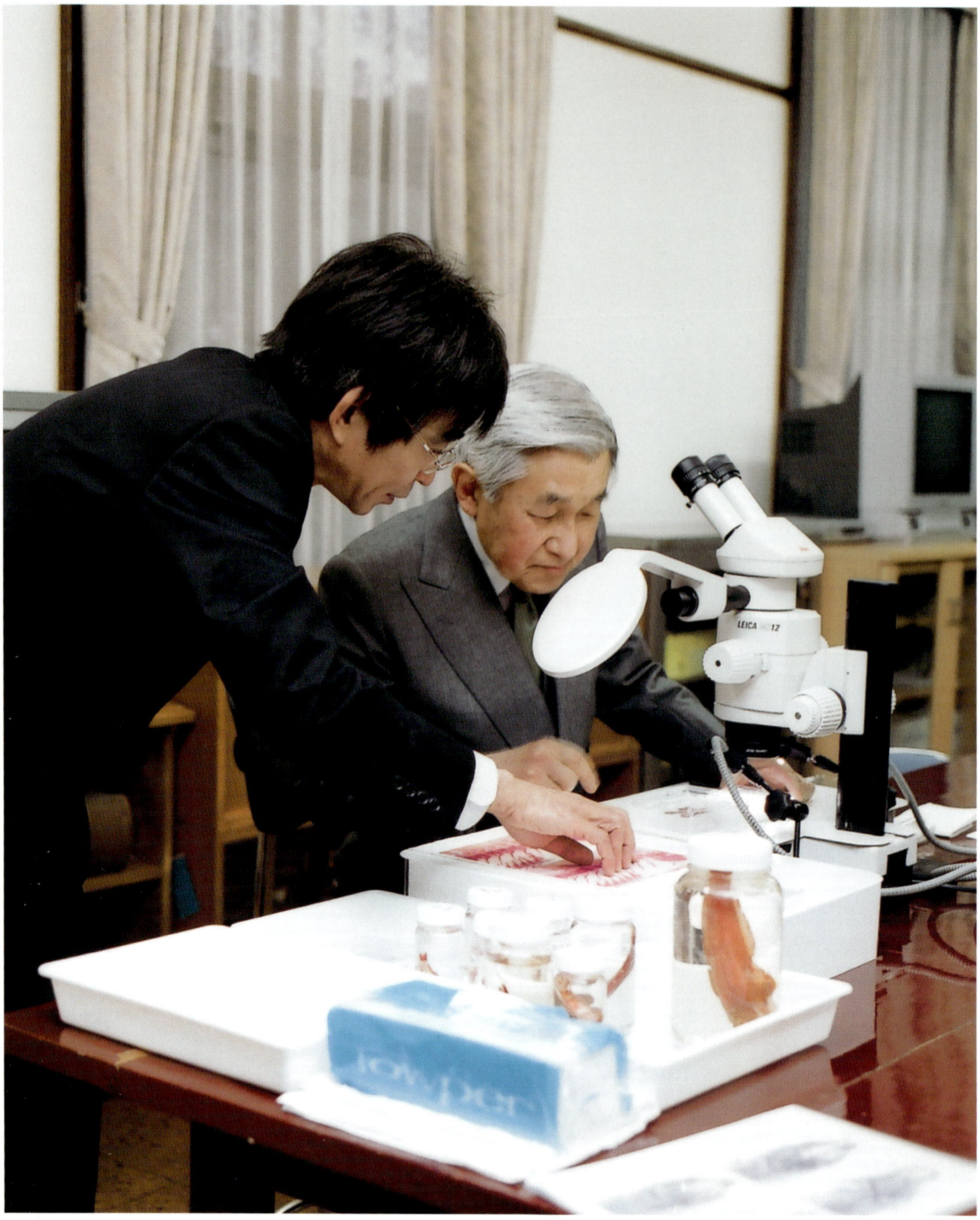

日本魚類学会の会員としてハゼ類の分類を研究されている（2009年＝平成21年3月）

日本魚類学会の英文機関誌「イクチオロジカル・リサーチ」に新種として発表されたヒメトサカハゼ（2000年＝平成12年8月）

楽器演奏を楽しまれる両陛下と清子（紀宮）さん（2005年＝平成17年10月）

群馬県草津町で開かれた音楽祭のワークショップでピアノを演奏される（2008年＝平成20年8月）

天皇陛下のプレーを応援、球拾いもされる（2009年＝平成21年3月）

週末を利用して宮内庁職員のコートでテニスを楽しまれる（2009年＝平成21年3月）

自ら車を運転、テニスコートへ向かわれる（2009年＝平成21年3月）

触れ合う自然、国民と分かち合う

御所前の庭で（2009年＝平成21年3月）

多忙な公務の合間、天皇、皇后両陛下は、自然豊かな皇居で過ごすお二人の時間も大切にされている。木々や草花に囲まれ、野鳥がさえずる道を散策しながら四季折々の変化を楽しみ、休日などには陛下自ら愛車のハンドルを握って皇居内のテニスコートに。長野・軽井沢で運命の出会いを果たしたときのように、今もボールを追って汗を流される。

御所の庭に咲くアサマキスゲ（ユウスゲ）のかれんな黄色い花。両陛下が毎年夏、楽しみにされているものの一つだ。このアサマキスゲは皇太子時代に思い出の地、軽井沢から持ち帰り大事に育ててこられた。農薬の使用を極力避け、陛下がアブラムシを一匹ずつ手で取り除くなどして手入れし、少しずつ株を増やされてきた。

軽井沢は戦後、別荘地として開発が進み野生のアサマキスゲが減少。そのことを知った両陛下は、御所で育てた種や苗を軽井沢町植物園に送り続けられている。植物園を通じ地元の人たちにも配られ、今では町内のあちらこちらで花を咲かせるようになった。

「国民と自然を分かち合いたい」。そんな陛下の提案から、これまで立ち入りが厳しく制限されてきた皇居や那須御用邸（栃木県那須町）の自然が近年、国民に開放されつつある。

皇居の西側に広がり、昭和天皇と香淳皇后の住まいだった吹上大宮御所や両陛下の御所もある約二十五㌶の森林「吹上御苑」。昭和天皇の意向で約七十年前から、ほとんど人の手が加えられていない。現在はスダジイなどの巨木が茂り、タヌキやオオタカなど数千種の動植物が確認されている。宮内庁は二〇〇七（平成十九）年から「こどもの日」と「敬老の日」にちなんで春、秋の年二回、吹上御苑の自然観察会を開催。春は小学生を中心に、秋はお年寄りを対象に参加者を募っている。

日光国立公園に隣接し、天皇ご一家が静養される那須御用邸。東京ドーム約二百六十個分に当たる約千二百㌶に、ブナやミズナラなどの自然林が広がる。御用邸用地のうち北側の半分近い約五百七十㌶が〇八年三月、皇室用財産として管理していた宮内庁から環境省に移管された。陛下の意向を受けた栃木県立博物館が一九九七―二〇〇一年度、用地内の動植物を調査。その結果、人と車の出入りが制限されてきたことで外来植物が入り込まず、多様な自然が残されていることが分かった。

環境省は一一年度から順次、一般公開する計画で、自然形態を生かしながら歩道などを整備。自然体験や学習の指導者を育成するセンターとして活用する方針だ。

御用邸用地の環境省移管を受け、陛下は記者会見で「訪れた人々の自然への理解や関心を深める上に意義あるものとなればうれしいことです」と感想を述べられた。

皇居の寒香亭付近の梅をご覧になる（2009年＝平成21年3月）

天皇陛下の発案で、東御苑の入園者に分かりやすいよう新しい植物名札を取り付けられた（2009年＝平成21年3月）

第六章　新しいご家族

お孫さまたち

愛子さま

皇太子ご夫妻に愛子さまが誕生、宮内庁病院を退院される（2001年＝平成13年12月）

葉山御用邸近くの海辺で犬に触れられる（2003年＝平成15年4月）

おままごと（2003年＝平成15年11月）

「着袴の儀」(2006年＝平成18年11月)

赤坂御用地内にて（2003年＝平成15年6月）

大相撲ご観戦（2007年＝平成19年9月）

赤坂御用地内でのみかん狩り（2005年＝平成17年11月）

赤坂御用地内にて（2004年＝平成16年12月）

学習院初等科運動会のかけっこでゴールをされる（2008年＝平成20年10月）

学習院幼稚園運動会で遊技をされる（2007年＝平成19年10月）

学習院初等科の入学式に向かわれる（2008年＝平成20年4月）

スキーを楽しまれる（2008年＝平成20年3月）

眞子さま（左）は学習院の女子高等科、佳子さまは中等科へご入学（2007年＝平成19年4月）

東京都内で開かれた戦時中の学童疎開船の企画展を訪問、遭難した姉妹のランドセルを前に、説明を受けられる（2008年＝平成20年8月）

皇居・生物学研究所で両陛下と（2004年＝平成16年9月）

フィギュアスケートで優勝された佳子さま（2007年＝平成19年4月）

初の単独公務に出席された眞子さま（2008年＝平成20年4月）

秋篠宮ご夫妻に長男悠仁さまが誕生、愛育病院を退院される（2006年＝平成18年9月）

満2歳になられて（2008年＝平成20年9月）

満1歳の誕生日、両陛下へあいさつに（2007年＝平成19年9月）

栃木県の御料牧場で放牧された馬をご覧になる（2009年＝平成21年3月）

軽井沢を散策中、大型犬に興味深げ（2008年＝平成20年5月）

満3歳の誕生日に両陛下から贈られた和服姿で（2009年＝平成21年9月）

紀宮さまご結婚

ご結婚を控えたお二人。黒田さん愛用のクラシックカメラの説明を聞かれる清子（紀宮）さん（2005年＝平成17年10月）

この十年ほどの間、天皇ご一家はご出産、ご結婚といった慶事が続いた。新たに加わった三人の家族も交え、折に触れて団らんのひとときを過ごされている。

二〇〇一（平成十三）年十二月一日、皇太子ご夫妻に第一子となる長女愛子さまが誕生された。天皇陛下から贈られた名前「愛子」と称号「敬宮《としのみや》」は、中国の古典「孟子」の「離婁章句下《りろうしょうくのげ》」にある「愛人者、人恒愛之、敬人者、人恒敬之」（人を愛する者は他人も常にその人を愛し、人を敬う者は他人も常にその人を敬う）との一節に由来する。

秋篠宮家にも〇六年九月六日、長男悠仁さまが誕生。皇位継承権がある男子誕生は父の秋篠宮さま以来。名前には「ゆったりとした気持ちで、長く久しく人生を歩んでほしい」との願いが込められた。

天皇家の長女清子（紀宮）さんは〇五年十一月十五日、秋篠宮さまの親友で東京都職員の黒田慶樹さんと結婚。東京都内のホテルで開かれた披露宴に出席された両陛下を、清子さんは皇后さまから借りた和服で出迎えた。皇籍からは離れたが、両親と娘は今も固いきずなで結ばれている。

「告期の儀」。黒田家の使者が宮内庁長官を通じ結婚式の日取りを伝えた（2005年＝平成17年10月）

十二単姿で宮中三殿の賢所に向かわれる（2005年＝平成17年11月）

宮殿・松の間で行われた「朝見の儀」。皇后さまのお言葉を受けられる

帝国ホテルで開かれた披露宴。両陛下や皇族方に拍手で迎えられる

結婚したお二人が記者会見、民間人となった黒田清子さんは両陛下への感謝の思いを語った

新生活のスタートを切ったお二人

出産、結婚…ご一家に慶事続く

須崎御用邸におそろいになった両陛下と皇太子ご夫妻、秋篠宮ご一家（1999年＝平成11年8月）

皇太子ご夫妻に二〇〇一（平成十三）年十二月誕生した愛子さまは、天皇ご一家では秋篠宮家の次女佳子さま以来、七年ぶりの新たなご家族となった。皇太子ご夫妻にとっても結婚八年で授かった命。翌年四月の記者会見で、雅子さまは出産した時を振り返り「生まれてきてありがとうという気持ちでいっぱいになりました」と涙ぐまれた。

数えで五歳となられた〇六年十一月、一般の七五三に当たる「着袴の儀」が東宮御所で行われた。天皇陛下から贈られた紫色のはかまや赤色の袿《うちき》を身に着け、袙扇《あこめおうぎ》を手にした童形服《どうぎょうふく》で正装。習わしに従い碁盤から飛び降りる所作をして宮中三殿にも参拝した。〇八年春には学習院幼稚園から初等科に進学、運動会のかけっこで一等になるなど学校生活を楽しまれている。

二人の兄が独立した後、一人娘として両陛下を支えていた長女清子（紀宮）さんが、〇五年十一月に結婚。お相手の東京都職員、黒田慶樹さんは秋篠宮さまの学習院初等科からの親友で、幼いころには清子さんと鬼ごっこをして遊んだこともあった。

〇三年一月、秋篠宮さまの〝橋渡し〟で、秋篠宮邸で開かれた懇親会で再会。約一年後、同宮邸で黒田さんがプロポーズした。

「家族のきずなは変わらないので、折々にいらっしゃい」。旅立ちの朝、花嫁に陛下はこう声を掛けられた。皇后さまもしっかりと抱き締めて「大丈夫よ」と何度も繰り返された。

皇族の身分を離れた清子さんは、黒田さんと東京都内のマンションで温かな家庭を築いている。買い物をしたり、夫の帰りを待って食事を作ったりと〝主婦〟を楽しそうにこなしながら、しばしば御所を訪れて両陛下との時間も過ごしている。

喜びは続き、〇六年九月、秋篠宮家に長男悠仁さまが誕生。よちよち歩きを始めたころには、悠仁さまの手を引きながら御所の廊下を一緒に歩かれる陛下の姿もみられたという。すくすくと育ち、活発に走り回る姿に「秋篠宮さまの小さいころにそっくり」との声も。

長女眞子さま、次女佳子さまはそれぞれ学習院女子高等科、中等科に在籍。面倒見のいい姉として紀子さまの育児を助けられている。眞子さまは〇八年春から単独で公務をこなされるようにもなった。

皇室では秋篠宮さま以来、四十一年ぶりの男子誕生となった悠仁さま。陛下の孫の世代の皇族は九人いるが、皇位継承権を「男系の男子」と規定している皇室典範の下では、悠仁さまが唯一の該当者だ。女性皇族は結婚すると皇籍から離れるため将来、悠仁さま一人で皇室を支えることになりかねない。

政府の有識者会議は〇五年十一月、女性・女系の天皇を容認する報告書をまとめたが、その後、典範改正をめぐる議論は停滞している。

新年を迎えられるご一家。天皇、皇后両陛下は「皇室」と「伝統」、「次世代への引き継ぎ」にも心されている（2008年＝平成20年1月）

ご結婚50年を迎えてから初めての地方訪問。福井市内のホテルでくつろがれる。これからもお二人で心をともにされて（2009年＝平成21年6月）

資料編

年表

天皇陛下 誕生から即位二十年

（注）外国の要人との会見は国賓のみで、二〇〇〇年から記載

年代	事項
一九三三年（昭和八年）	12・23 昭和天皇の第一皇男子として誕生、29日明仁親王と命名、継宮と称す
一九三四年（昭和九年）	10・20 正田美智子さんが誕生
一九四一年（昭和十六年）	12・8 ハワイ真珠湾攻撃、太平洋戦争始まる
一九四五年（昭和二十年）	3・10 東京大空襲 6・23 沖縄戦が終結 8・6 広島市に原子爆弾投下、9日には長崎市にも投下 8・15 昭和天皇が「終戦の詔書」
一九四六年（昭和二十一年）	1・1 昭和天皇が「新日本建設に関する詔書」（「人間宣言」）、翌年5月3日の日本国憲法施行で天皇は「象徴」に
一九五二年（昭和二十七年）	11・10 陛下が立太子の礼、成年式
一九五三年（昭和二十八年）	3・30 陛下が昭和天皇の名代でエリザベス女王の戴冠式参列のため英国へ、式参列後欧米各国を訪問（～10・12）
一九五九年（昭和三十四年）	4・10 陛下が正田美智子さんと結婚
一九六〇年（昭和三十五年）	2・23 皇太子徳仁親王（浩宮）が誕生
一九六三年（昭和三十八年）	12・15 陛下がハゼの研究で初の論文を発表
一九六五年（昭和四十年）	11・30 秋篠宮文仁親王（礼宮）が誕生
一九六九年（昭和四十四年）	4・18 紀宮清子内親王が誕生

年代	事項
一九七五年（昭和五十年）	7・17 両陛下が沖縄国際海洋博覧会のため沖縄県を初訪問
一九八六年（昭和六十一年）	5・22 陛下がリンネ協会（英国）の名誉会員に選ばれる
一九八九年（昭和六十四年）	1・7 昭和天皇崩御 1・7 第百二十五代天皇に即位
一九八九年（平成元年）	1・8 「平成」の新元号施行 1・9 即位後朝見の儀で陛下がお言葉、憲法の遵守を誓う 2・24 昭和天皇大喪の礼
一九九〇年（平成二年）	6・29 文仁親王が川嶋紀子さんと結婚、秋篠宮家創立 11・12 即位の礼 11・22 大嘗祭（～11・23） 11・27 両陛下が伊勢神宮で神宮に親謁の儀（～11・28）
一九九一年（平成三年）	2・23 皇太子さまが立太子の礼 7・10 両陛下が雲仙普賢岳噴火の被災地をお見舞い 9・26 両陛下がタイ、マレーシア、インドネシアを訪問（～10・6） 10・23 秋篠宮ご夫妻に長女眞子内親王誕生、天皇家に初孫 11・27 陛下がロンドン動物学会の名誉会員に選ばれる
一九九二年（平成四年）	10・23 両陛下が中国を初めて訪問（～10・28）
一九九三年（平成五年）	4・23 全国植樹祭出席のため、歴代天皇として初めて沖縄県を訪問 6・9 皇太子さまが小和田雅子さんと結婚 7・27 両陛下が北海道南西沖地震の被災地お見舞い 8・6 両陛下がベルギー国王の葬儀に参列（～8・9） 9・3 両陛下がイタリア、ベルギー、ドイツを訪問、バチ

		カンへ立ち寄り（〜9・19）
一九九四年（平成六年）	6・10	両陛下が米国を訪問（〜6・26）
	10・2	両陛下がフランス、スペインを訪問、ドイツへ立ち寄り（〜10・14）
	12・29	秋篠宮ご夫妻に次女佳子内親王誕生
一九九五年（平成七年）	1・17	阪神大震災
	1・31	両陛下が阪神大震災の被災地お見舞い
	7・26	戦後50年「慰霊の旅」として長崎県、広島県、沖縄県、東京都慰霊堂を訪問（〜8・3）
	8・25	秩父宮妃勢津子さま逝去
一九九七年（平成九年）	5・30	両陛下がブラジル、アルゼンチンを訪問、ルクセンブルク、米国へ立ち寄り（〜6・13）
一九九八年（平成十年）	2・7	長野冬季五輪開幕、陛下が開会宣言
	5・23	両陛下が英国、デンマークを訪問、ポルトガルへ立ち寄り（〜6・5）
一九九九年（平成十一年）	6・18	皇后さまの父、正田英三郎氏が死去
	11・12	天皇陛下即位10年記念式典
二〇〇〇年（平成十二年）	4・10	来日したハンガリーのゲンツ大統領夫妻と会見
	5・20	両陛下がオランダ、スウェーデンを訪問、スイス、フィンランドへ立ち寄り（〜6・1）
	6・16	香淳皇后崩御
二〇〇一年（平成十三年）	3・26	来日したノルウェーのハラルド五世国王夫妻と会見
	10・1	来日した南アフリカのムベキ大統領夫妻と会見
	12・1	皇太子ご夫妻に長女敬宮愛子内親王が誕生
二〇〇二年（平成十四年）	7・6	両陛下がポーランド、ハンガリーを訪問、チェコ、オーストリアへ立ち寄り（〜7・20）
	9・28	皇后さまが国際児童図書評議会創立五十周年記念大会に名誉総裁として出席のためスイスへ、初の単独海外訪問（〜10・3）
	11・21	高円宮さま47歳で急逝
	12・3	来日したフィリピンのアロヨ大統領と会見
二〇〇三年（平成十五年）	1・18	陛下が前立腺がんの手術
	6・6	来日した韓国の盧武鉉大統領夫妻と会見
	6・23	来日したインドネシアのメガワティ大統領と会見
	10・15	来日したメキシコのフォックス大統領夫妻と会見
	11・14	両陛下が鹿児島県を訪問、陛下は即位後四十七都道府県訪問達成
二〇〇四年（平成十六年）	11・6	両陛下が新潟県中越地震の被災地お見舞い
	11・16	来日したデンマークのマルグレーテ二世女王夫妻と会見
	12・18	高松宮妃喜久子さま逝去
二〇〇五年（平成十七年）	1・17	両陛下が阪神大震災10周年で追悼式典出席
	3・7	来日したマレーシアのサイドシラジュディン国王夫妻と会見
	3・24	両陛下が皇太子さまと愛知万博の開会式に出席
	5・7	両陛下がノルウェー訪問、アイルランドへ立ち寄り（〜5・14）
	6・27	両陛下がサイパンで初の海外慰霊（〜6・28）
	11・15	紀宮さまが黒田慶樹さんと結婚
	11・28	来日したモロッコのモハメド六世国王と会見
二〇〇六年（平成十八年）	6・8	両陛下がシンガポール、タイ訪問、マレーシアへ立ち寄り（〜6・15）
	9・6	秋篠宮ご夫妻に長男悠仁親王誕生、皇室では41年ぶりの男子
	11・27	来日したインドネシアのユドヨノ大統領夫妻と会見
二〇〇七年（平成十九年）	3・26	来日したスウェーデンのグスタフ国王夫妻と会見
	5・21	両陛下がスウェーデン、エストニア、ラトビア、リトアニア、英国訪問（〜5・30）
	5・29	陛下が英国リンネ協会で自らの研究の軌跡を講演
	8・8	両陛下が新潟県中越沖地震の被災地お見舞い
	11・26	来日したベトナムのチェット国家主席夫妻と会見
二〇〇八年（平成二十年）	5・7	来日した中国の胡錦濤国家主席夫妻と会見
	11・10	来日したスペインのカルロス国王夫妻と会見
二〇〇九年（平成二十一年）	1・7	昭和天皇二十年式年祭
	4・10	両陛下が結婚50年
	5・11	来日したシンガポールのナーザン大統領夫妻と会見
	7・3	両陛下がカナダ、米国（ハワイ）訪問（〜7・17）

昭和天皇を偲ぶ歌会（1990 年＝平成 2 年 2 月）

天皇、皇后両陛下の歌会始のお歌

天皇陛下

晴――――平成二年　昭和天皇を偲《しの》ぶ歌会、お題は平成元年の「晴」
父君を見舞ひて出づる晴れし日の
　宮居の道にもみぢばは照る

森――――平成三年　お題
いにしへの人も守り来し日の本の
　森の栄えを共に願はむ

風――――平成四年　お題
白樺の堅きつぼみのそよ風に
　揺るるを見つつ新年《にひどし》思ふ

空――――平成五年　お題
外国の旅より帰る日の本の
　空赤くして富士の峯立つ

波――――平成六年　お題
波立たぬ世を願ひつつ新しき
　年の始めを迎へ祝はむ

歌――――平成七年　お題
人々の過しし様を思ひつつ
　歌の調べの流るるを聞く

苗――――平成八年　お題
山荒れし戦《いくさ》の後《のち》の年々《としどし》に
　苗木植ゑこし人のしのばる

姿――――平成九年　お題
うち続く田は豊かなる緑にて
　実る稲穂の姿うれしき

道――――平成十年　お題
大学の来《こ》しかた示す展示見つつ
　国開《ひら》けこし道を思ひぬ

青――――平成十一年　お題
公害に耐へ来しもみの青葉茂り
　さやけき空にいよよのびゆく

皇后陛下

かすみつつ晴れたる瀬戸の島々を
　むすびて遠く橋かかりたり

いつの日か森とはなりて陵《みささぎ》を
　守らむ木木かこの武蔵野に

葉かげなる天蚕《てんさん》はふかく眠りゐて
　櫟《くぬぎ》のこずゑ風渡りゆく

とつくにの旅いまし果て夕映《ゆうは》ゆる
　ふるさとの空に向ひてかへる

波なぎしこの平《たひ》らぎの礎《いしずゑ》と
　君らしづもる若夏《うりずん》の島

移り住む国の民とし老いたまふ
　君らが歌ふさくらさくらと

日本列島田ごとの早苗そよぐらむ
　今日わが君も御田《みた》にいでます

生命《いのち》おび真闇《まやみ》に浮きて青かりしと
　地球の姿見し人還《かへ》る

移民きみら辿りきたりし遠き道に
　イペーの花はいくたび咲きし

雪原《せつげん》にはた氷上にきはまりし
　青年の力愛《かな》しかりけり

2009年(平成21年)1月の歌会始。その起源は鎌倉時代にさかのぼるといわれる

時――――平成十二年　お題
大いなる世界の動き始まりぬ
父君のあと継ぎし時しも

草――――平成十三年　お題
父母の愛《め》でまし花思ひつつ
我妹《わぎも》と那須の草原《くさはら》を行く

春――――平成十四年　お題
園児らとたいさんぼくを植ゑにけり
地震《なゐ》ゆりし島の春ふかみつつ

町――――平成十五年　お題
我が国の旅重ねきて思ふかな
年経る毎に町はととのふ

幸――――平成十六年　お題
人々の幸願ひつつ国の内
めぐりきたりて十五年経つ

歩み――――平成十七年　お題
戦《いくさ》なき世を歩みきて思ひ出づ
かの難《かた》き日を生きし人々

笑み――――平成十八年　お題
トロンハイムの運河を行けば家々の
窓より人ら笑みて手を振る

月――――平成十九年　お題
務め終へ歩み速めて帰るみち
月の光は白く照らせり

火――――平成二十年　お題
炬火台に火は燃え盛り彼方なる
林は秋の色を帯び初む

生――――平成二十一年　お題
生きものの織りなして生くる様《さま》見つつ
皇居に住みて十五年経《へ》ぬ

癒《い》えし日を新生《しんせい》となし生くる友に
時よ穏《おだ》しく流れゆけかし

この日より任務おびたる若き衛士《えじ》の
立てる御苑《みその》に新草《にひくさ》萌ゆる

光返《かへ》すもの悉《ことごと》くひかりつつ
早春の日こそ輝かしけれ

ひと時の幸《さち》分かつがに人びとの
佇《たたず》むゆふべ町に花降る

幸《さき》くませ真幸《まさき》くませと人びとの
声渡りゆく御幸《みゆき》の町に

風通ふあしたの小径《こみち》歩みゆく
癒えざるも君清《すが》しくまして

笑み交《か》はしやがて涙のわきいづる
復興なりし街を行きつつ

年ごとに月の在《あ》りどを確かむる
歳旦祭《さいたんさい》に君を送りて

灯火《ひ》を振れば彼方の明かり共に揺れ
旅行《ゆ》くひと日夜《よる》に入りゆく

生命《いのち》あるもののかなしさ早春の
光のなかに揺り蚊《ユスリカ》の舞ふ

天皇陛下の主な地方ご訪問

1989年以降

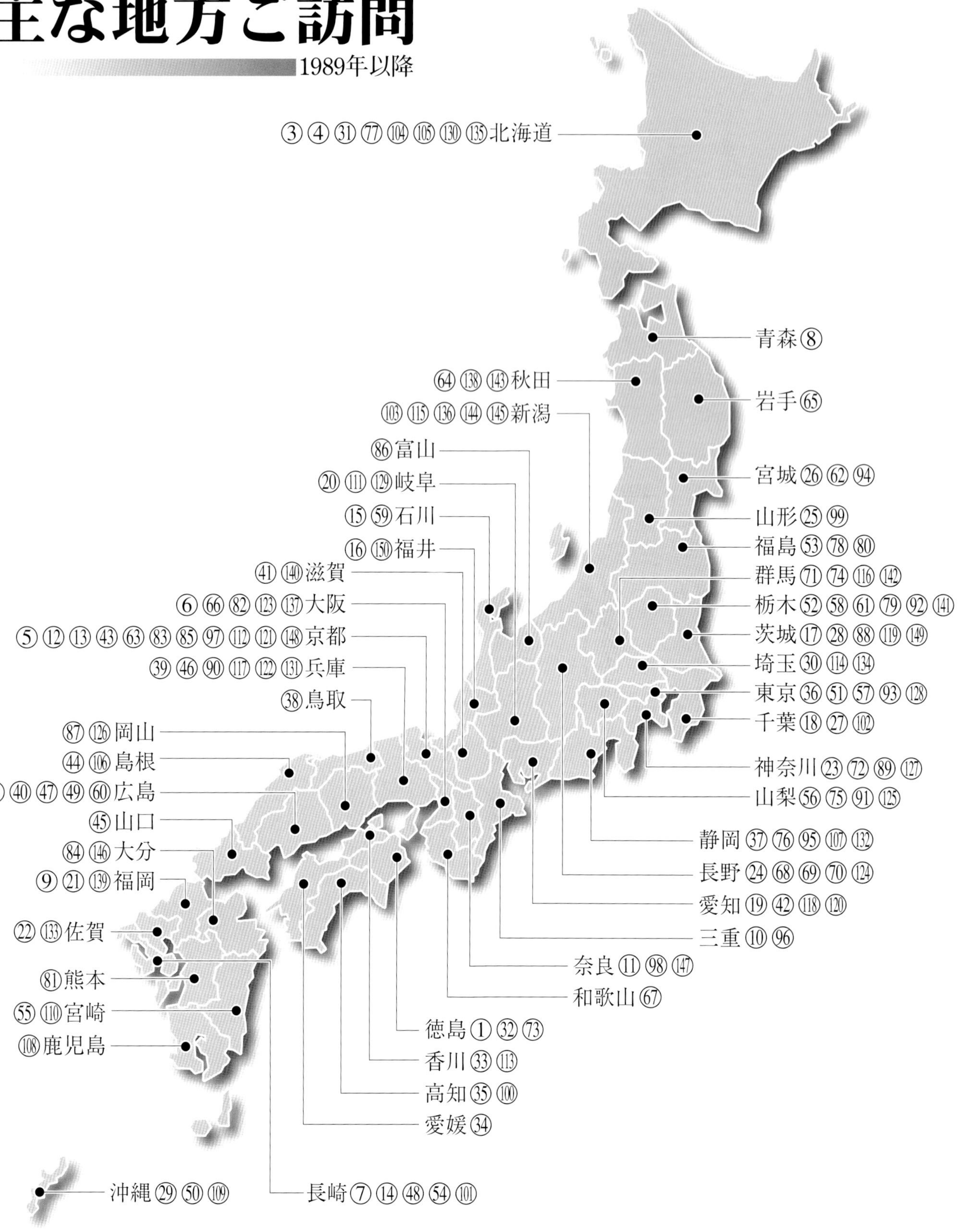

1989年（平成元年）
5月 第40回全国植樹祭（徳島県）…… ①
9月 第9回全国豊かな海づくり大会（広島県）…… ②
第44回国民体育大会秋季大会（北海道）…… ③
第25回全国身体障害者スポーツ大会（現全国障害者スポーツ大会）（北海道）…… ④

1990年（平成2年）
4月 地方事情ご視察（京都府）…… ⑤
国際花と緑の博覧会、第1回全国みどりの愛護のつどい（大阪府） ⑥
5月 第41回全国植樹祭（長崎県）…… ⑦
7月 第10回全国豊かな海づくり大会（青森県）…… ⑧
10月 第45回国民体育大会秋季大会（福岡県）…… ⑨
11月 即位礼、大嘗祭後神宮に親謁の儀（三重県）…… ⑩
12月 即位礼、大嘗祭後神武天皇山陵に親謁の儀（奈良県）…… ⑪
即位礼、大嘗祭後孝明天皇山陵、明治天皇山陵に親謁の儀、京都御所において茶会（京都府）…… ⑫

1991年（平成3年）
5月 第42回全国植樹祭（京都府）…… ⑬
7月 雲仙普賢岳噴火被災地お見舞い（長崎県）…… ⑭
10月 第46回国民体育大会秋季大会（石川県）…… ⑮
地方事情ご視察（福井県）…… ⑯
通産省工業技術院計量研究所（現産業技術総合研究所）ご視察、オランダ女王ご案内（茨城県）…… ⑰
オランダ女王ご案内（千葉県）…… ⑱
第11回全国豊かな海づくり大会（愛知県）…… ⑲
地方事情ご視察（岐阜県）…… ⑳

1992年（平成4年）
5月 第43回全国植樹祭（福岡県）…… ㉑
地方事情ご視察（佐賀県）…… ㉒
7月 地方事情ご視察（神奈川県）…… ㉓
9月 地方事情ご視察（長野県）…… ㉔
10月 第47回国民体育大会秋季大会（山形県）…… ㉕
地方事情ご視察（宮城県）…… ㉖
11月 第12回全国豊かな海づくり大会（千葉県）…… ㉗
地方事情ご視察（茨城県）…… ㉘

1993年（平成5年）
4月 第44回全国植樹祭（沖縄県）…… ㉙
5月 地方事情ご視察（埼玉県）…… ㉚
7月 北海道南西沖地震被災地お見舞い（北海道）…… ㉛
10月 第48回国民体育大会秋季大会（徳島県）…… ㉜
第48回国民体育大会秋季大会（香川県）…… ㉝
11月 第13回全国豊かな海づくり大会（愛媛県）…… ㉞
地方事情ご視察（高知県）…… ㉟

1994年（平成6年）
2月 小笠原諸島ご視察（東京都）…… ㊱
4月 地方事情ご視察（静岡県）…… ㊲
5月 地方事情ご視察（鳥取県）…… ㊳
第45回全国植樹祭（兵庫県）…… ㊴
10月 第12回アジア競技大会開会式（広島県）…… ㊵
地方事情ご視察（滋賀県）…… ㊶
第49回国民体育大会秋季大会（愛知県）…… ㊷
11月 平安建都1200年記念式典（京都府）…… ㊸
地方事情ご視察（島根県）…… ㊹
第14回全国豊かな海づくり大会（山口県）…… ㊺

1995年（平成7年）
1月 阪神大震災被災地お見舞い（兵庫県）…… ㊻
5月 第46回全国植樹祭（広島県）…… ㊼
7月 戦後50年慰霊の旅（長崎県）…… ㊽
戦後50年慰霊の旅（広島県）…… ㊾
8月 戦後50年慰霊の旅（沖縄県）…… ㊿
戦後50年慰霊の旅（東京都）…… (51)
10月 地方事情ご視察（栃木県）…… (52)
第50回国民体育大会秋季大会（福島県）…… (53)
11月 雲仙普賢岳噴火被災地復興状況ご視察（長崎県）…… (54)
第15回全国豊かな海づくり大会（宮崎県）…… (55)

1996年（平成8年）
4月 地方事情ご視察（山梨県）…… (56)
5月 第47回全国植樹祭（東京都）…… (57)
7月 地方事情ご視察（栃木県）…… (58)
9月 第16回全国豊かな海づくり大会（石川県）…… (59)
10月 第51回国民体育大会秋季大会（広島県）…… (60)
地場産業ご視察、ベルギー国王ご夫妻ご案内（栃木県）‥ (61)

1997年（平成9年）
5月 第48回全国植樹祭（宮城県）…… (62)
8月 第23回国際天文学連合総会（京都府）…… (63)
10月 地方事情ご視察（秋田県）…… (64)
第17回全国豊かな海づくり大会（岩手県）…… (65)
第52回国民体育大会秋季大会（大阪府）…… (66)
地方事情ご視察（和歌山県）…… (67)

1998年（平成10年）
2月 長野冬季五輪開会式（長野県）…… (68)
長野冬季五輪競技ご観戦、閉会式（長野県）…… (69)
3月 長野パラリンピック冬季大会ご観戦（長野県）…… (70)
5月 第49回全国植樹祭（群馬県）…… (71)
10月 第53回国民体育大会秋季大会（神奈川県）…… (72)
11月 第18回全国豊かな海づくり大会（徳島県）…… (73)

1999年（平成11年）
3月 世界室内陸上選手権大会（群馬県）…… (74)
4月 ルクセンブルク大公ご夫妻ご案内（山梨県）…… (75)
5月 第50回全国植樹祭（静岡県）…… (76)
8月 北海道南西沖地震災害復興状況ご視察（北海道）…… (77)
9月 豪雨災害復興状況ご視察（福島県）…… (78)
豪雨災害復興状況ご視察（栃木県）…… (79)
10月 第19回全国豊かな海づくり大会（福島県）…… (80)
第54回国民体育大会秋季大会（熊本県）…… (81)
11月 地方事情ご視察（大阪府）…… (82)
地方事情ご視察（京都府）…… (83)

天皇陛下の主な地方ご訪問　2000～2009

2000年（平成12年）
- 4月　第51回全国植樹祭(大分県) …… (84)
- 10月　第20回全国豊かな海づくり大会(京都府) …… (85)
- 第55回国民体育大会秋季大会(富山県) …… (86)
- 11月　地方事情ご視察(岡山県) …… (87)
- 12月　西暦2000年酸性雨国際学会開会式(茨城県) …… (88)

2001年（平成13年）
- 3月　ノルウェー国王ご夫妻ご案内(神奈川県) …… (89)
- 4月　阪神大震災復興状況ご視察(兵庫県) …… (90)
- 5月　第52回全国植樹祭(山梨県) …… (91)
- 7月　地方事情ご視察(栃木県) …… (92)
- 新島、神津島および三宅島災害状況ご視察(東京都) …… (93)
- 10月　第56回国民体育大会秋季大会(宮城県) …… (94)
- 第21回全国豊かな海づくり大会(静岡県) …… (95)
- 11月　地方事情ご視察(三重県) …… (96)

2002年（平成14年）
- 5月　第26回国際内科学会議開会式(京都府) …… (97)
- 地方事情ご視察(奈良県) …… (98)
- 6月　第53回全国植樹祭(山形県) …… (99)
- 10月　第57回国民体育大会秋季大会(高知県) …… (100)
- 11月　第22回全国豊かな海づくり大会(長崎県) …… (101)

2003年（平成15年）
- 5月　第54回全国植樹祭(千葉県) …… (102)
- 6月　地方事情ご視察(新潟県) …… (103)
- 7月　有珠山噴火災害復興状況ご視察(北海道) …… (104)
- 第23回国際測地学・地球物理学連合2003年総会歓迎式典(北海道) …… (105)
- 10月　第23回全国豊かな海づくり大会(島根県) …… (106)
- 第58回国民体育大会秋季大会(静岡県) …… (107)
- 11月　奄美群島日本復帰50周年記念式典(鹿児島県) …… (108)

2004年（平成16年）
- 1月　国立劇場おきなわ開場記念公演(沖縄県) …… (109)
- 4月　第55回全国植樹祭(宮崎県) …… (110)
- 7月　東京大学宇宙線研究所神岡宇宙素粒子研究施設ご視察(岐阜県) …… (111)
- 8月　第16回国際解剖学会議開会式(京都府) …… (112)
- 10月　第24回全国豊かな海づくり大会(香川県) …… (113)
- 第59回国民体育大会秋季大会(埼玉県) …… (114)
- 11月　新潟県中越地震被災地お見舞い(新潟県) …… (115)
- デンマーク女王ご夫妻ご案内(群馬県) …… (116)

2005年（平成17年）
- 1月　阪神大震災10周年のつどいおよび国連防災世界会議開会式(兵庫県) …… (117)
- 3月　2005年日本国際博覧会開会式(愛知県) …… (118)
- 6月　第56回全国植樹祭(茨城県) …… (119)
- 7月　2005年日本国際博覧会会場ご視察(愛知県) …… (120)
- 8月　地方事情ご視察(京都府) …… (121)
- 第18回世界心身医学会議開会式(兵庫県) …… (122)
- 地方事情ご視察(大阪府) …… (123)
- 地方事情ご視察(長野県) …… (124)
- 地方事情ご視察(山梨県) …… (125)
- 10月　第60回国民体育大会秋季大会(岡山県) …… (126)
- 11月　第25回全国豊かな海づくり大会(神奈川県) …… (127)

2006年（平成18年）
- 3月　三宅島噴火災害による全島避難から帰島後1年を迎えた島内状況ご視察(東京都) …… (128)
- 5月　第57回全国植樹祭(岐阜県) …… (129)
- 9月　第16回国際顕微鏡学会議記念式典(北海道) …… (130)
- 第61回国民体育大会(兵庫県) …… (131)
- 2006年度日本魚類学会年会(静岡県) …… (132)
- 10月　第26回全国豊かな海づくり大会(佐賀県) …… (133)

2007年（平成19年）
- 3月　スウェーデン国王ご夫妻ご案内(埼玉県) …… (134)
- 6月　第58回全国植樹祭(北海道) …… (135)
- 8月　新潟県中越沖地震被災地お見舞い(新潟県) …… (136)
- 第11回IAAF世界陸上選手権大阪大会(大阪府) …… (137)
- 9月　第62回国民体育大会(秋田県) …… (138)
- 10月　福岡県西方沖地震被災者ご訪問および災害復興状況ご視察(福岡県) …… (139)
- 11月　第27回全国豊かな海づくり大会(滋賀県) …… (140)
- 12月　自治医科大ご視察(栃木県) …… (141)

2008年（平成20年）
- 4月　日本ブラジル交流年・日本人ブラジル移住100周年にちなみ日系ブラジル人が多数在住する地域をご訪問(群馬県) …… (142)
- 6月　第59回全国植樹祭(秋田県) …… (143)
- 9月　第28回全国豊かな海づくり大会(新潟県) …… (144)
- 新潟県中越地震災害復興状況ご視察(新潟県) …… (145)
- 第63回国民体育大会(大分県) …… (146)
- 10月　地方事情ご視察(奈良県) …… (147)
- 11月　源氏物語千年紀記念式典(京都府) …… (148)
- スペイン国王夫妻ご案内(茨城県) …… (149)

2009年（平成21年）
- 6月　第60回全国植樹祭(福井県) …… (150)

熊本国体にご出席（1999年＝平成11年10月）

天皇家の系図

（丸数字は皇位継承順位、敬称略）

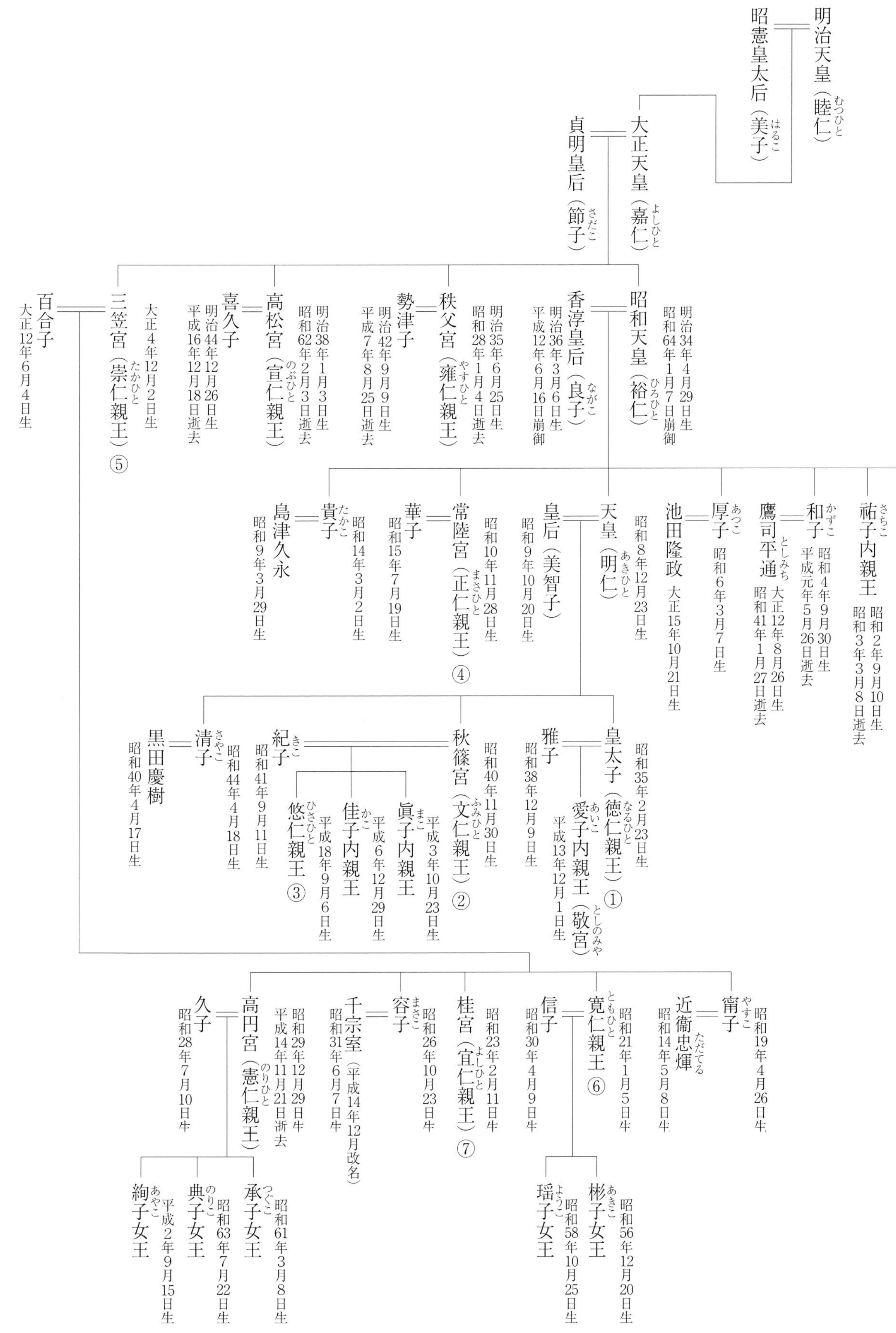

明治天皇（睦仁《むつひと》）
昭憲皇太后（美子《はるこ》）
大正天皇（嘉仁《よしひと》）
貞明皇后（節子《さだこ》）
昭和天皇（裕仁《ひろひと》）
明治34年4月29日生
昭和64年1月7日崩御
香淳皇后（良子《ながこ》）
明治36年3月6日生
平成12年6月16日崩御
秩父宮（雍仁《やすひと》親王）
明治35年6月25日生
昭和28年1月4日逝去
勢津子
明治42年9月9日生
平成7年8月25日逝去
高松宮（宣仁《のぶひと》親王）
明治38年1月3日生
昭和62年2月3日逝去
喜久子
明治44年12月26日生
平成16年12月18日逝去
三笠宮（崇仁《たかひと》親王）⑤
大正4年12月2日生
百合子
大正12年6月4日生
成子《しげこ》
大正14年12月6日生
昭和36年7月23日逝去
東久邇盛厚《もりひろ》
大正5年5月6日生
昭和44年2月1日逝去
祐子《さちこ》内親王
昭和2年9月10日生
昭和3年3月8日逝去
和子《かずこ》
昭和4年9月30日生
平成元年5月26日逝去
鷹司平通《としみち》
大正12年8月26日生
昭和41年1月27日逝去
厚子《あつこ》
昭和6年3月7日生
池田隆政
大正15年10月21日生
天皇（明仁《あきひと》）
昭和8年12月23日生
皇后（美智子）
昭和9年10月20日生
常陸宮（正仁《まさひと》親王）④
昭和10年11月28日生
華子
昭和15年7月19日生
貴子《たかこ》
昭和14年3月2日生
島津久永
昭和9年3月29日生
皇太子（徳仁《なるひと》親王）①
昭和35年2月23日生
雅子
昭和38年12月9日生
愛子《あいこ》内親王（敬宮《としのみや》）
平成13年12月1日生
秋篠宮（文仁《ふみひと》親王）②
昭和40年11月30日生
紀子《きこ》
昭和41年9月11日生
眞子《まこ》内親王
平成3年10月23日生
佳子《かこ》内親王
平成6年12月29日生
悠仁《ひさひと》親王③
平成18年9月6日生
清子《さやこ》
昭和44年4月18日生
黒田慶樹
昭和40年4月17日生
甯子《やすこ》
昭和19年4月26日生
近衛忠煇《ただてる》
昭和14年5月8日生
寛仁《ともひと》親王⑥
昭和21年1月5日生
信子
昭和30年4月9日生
彬子《あきこ》女王
昭和56年12月20日生
瑶子《ようこ》女王
昭和58年10月25日生
桂宮（宜仁《よしひと》親王）⑦
昭和23年2月11日生
容子《まさこ》
昭和26年10月23日生
千宗室（平成14年12月改名）
昭和31年6月7日生
高円宮（憲仁《のりひと》親王）
昭和29年12月29日生
平成14年11月21日逝去
久子
昭和28年7月10日生
承子《つぐこ》女王
昭和61年3月8日生
典子《のりこ》女王
昭和63年7月22日生
絢子《あやこ》女王
平成2年9月15日生

天皇陛下御即位二十年・御成婚五十年
記念写真集

監修
宮内庁

編者
共同通信社 ©

編集
武藤寿隆　柴田英穂　小山昭男

装丁
奥冨佳津枝

デザイン
奥冨佳津枝　武藤あずさ　若林華子(奥冨デザイン室)
山口華代

執筆
山田昌邦　三井潔　吉川良太　西村誠

題字「心をともに」
津金孝邦

グラフィックス
小野完次

編集協力
共同通信社　社会部　写真部　フォトセンター

写真 ©
宮内庁　共同通信社　東京写真記者協会　朝日新聞社　毎日新聞社
下野新聞社　神戸新聞社　山陰中央新報社　佐賀新聞社　小学館
主婦と生活社　マガジンハウス　PANA 通信社　秋田県　山形県
茨城県　群馬県　埼玉県　新潟県　三重県　静岡県　岐阜県
石川県　京都府　徳島県　高知県　福岡県　熊本県　沖縄県
熱田神宮　(財)日本障害者スポーツ協会

印刷／製本
凸版印刷株式会社
プリンティングディレクター　石井龍雄　石川容子
制作進行管理　後藤元幸

発行日　2009 年 11 月 12 日
発行所　神奈川新聞社
〒 231-8445　横浜市中区太田町 2-23
電話　045 (227) 0850(出版部)
定価はカバーに表示してあります。

ISBN978-4-87645-447-1 C0036 ¥3800E